Pierre Meinig

Lass die Kirche im Dorf

Sprichwörtliches über Gott & die Welt

benno

Bibliografische Information Der Deutschen Bibliothek
Die Deutsche Bibliothek verzeichnet diese Publikation in der
Deutschen Nationalbibliografie; detaillierte bibliografische
Informationen sind im Internet über http://dnb.ddb.de abrufbar

Coverabbildung und Illustrationen: © Michaela Steininger /
Fotolia.de

Besuchen Sie uns im Internet:
www.st-benno.de

Gern informieren wir Sie unverbindlich und aktuell auch in
unserem Newsletter zum Verlagsprogramm, zu Neuerscheinun-
gen und Aktionen. Einfach anmelden unter www.st-benno.de

ISBN: 978-3-7462-3885-2

© St. Benno-Verlag GmbH, Leipzig
Umschlag und Gestaltung: Ulrike Vetter, Leipzig
Gesamtherstellung: Arnold & Domnick, Leipzig (B)

Sprichwörter und Redensarten begleiten uns durch das ganze Leben. Wir benutzen sie gern, um eine Sache präzise und knapp zu beschreiben. Ihre zugrundeliegende Bedeutung kennen wir jedoch meist nicht mehr, da sie Relikte aus einer vergangenen Zeit sind. Viele Sprichwörter stammen aus dem Rechtswesen oder der Landwirtschaft. Einige aber lassen sich auf Ereignisse und Gebräuche der Kirche zurückführen.

So wird man im süddeutschen Bereich auch heute noch mit einem alten Segenswunsch, dem »Grüß Gott«, angesprochen. Es ist eine Verkürzung des »Es grüße dich Gott«. Sie kennen solche Segenswünsche auch aus der Bibel, so zum Beispiel das sicher bekannteste »Gegrüßest seist du, Maria«, der englische Gruß.

Dieses kleine Büchlein bietet Ihnen einen Überblick über die gebräuchlichsten Redensarten mit christlichem Ursprung. Dann werden Sie wissen, warum es »auf den Nägeln brennt« und was das »heilige Blechle« wirklich mit dem Auto zu tun hat.

Pierre Meinig

» DER GANG NACH CANOSSA «

Vielleicht hat ihn schon der eine oder andere einmal in seinem Leben antreten müssen, diesen »Gang nach Canossa«. Nicht im eigentlichen Sinne jenen auf die Burg in der Emilia Romagna, sondern den bitteren Gang um Vergebung, wenn man vor anderen einen Fehler eingesteht. Das Ereignis, auf welches sich die Redensart bezieht, liegt fast 1000 Jahre zurück und war der Höhepunkt des schon länger andauernden Streites zwischen König- und Papsttum. König Heinrich IV. hatte sich 1076 im Streit um die Einsetzung der Bischöfe im Heiligen Römischen Reich Deutscher Nation vehement gegen eine Einmischung des Papstes verwehrt und die von ihm ernannten Bischöfe von ihrem Gehorsam dem Papst gegenüber entbunden. Als Folge dieses Handelns wurde der König durch den Papst mit dem Kirchenbann belegt. Die Reichsfürsten nahmen diese Bestrafung zum Anlass, Heinrich IV. eine Frist von genau einem Jahr zur Aufhebung des Banns zu setzen. Sollte es ihm innerhalb dieser Zeitspanne nicht gelingen, sich vom päpstlichen Bann zu lösen, planten sie die Wahl eines neuen Königs. Für Heinrich stand in dieser Situation alles auf dem Spiel.

Während sich Papst Gregor VII. auf die Burg Canossa zurückzog, entschied sich der König zu handeln; er trat seinen »Gang nach Canossa« an. Dort erschien Heinrich am 25. Januar 1077 im Büßergewand und musste bis zum 28. Januar in Schnee und Eis ausharren, bis ihn Papst Gregor VII. erhörte. Aufgrund der damals üblichen Bußpraxis war der Papst gezwungen, den über Heinrich IV. verhängten Kirchenbann aufzuheben. Dem König blieb zum Erhalt seiner Krone und Wiederaufnahme in den Schoß der Kirche keine andere Wahl als zu akzeptieren, dass in Zukunft der Papst in Rom die Bischöfe einsetzte, und dass er selbst in diesen Angelegenheiten nur noch ein Vorschlagsrecht hatte. Dies unterschied das Heilige Römische Reich Deutscher Nation von anderen europäischen Staaten, wie Frankreich oder England, in denen weiterhin allein der König die Bischöfe bestimmte.

» JEMANDEN ABKANZELN «

Wird heutzutage jemand abgekanzelt, wird der Betroffene zurechtgewiesen, meist in schroffer Art und Weise und ohne besonderes Feingefühl. Dabei bedeutete der ursprüngliche kirchliche Fachausdruck nichts anderes als das von der Kirchenkanzel herab verkündigte Wort. Erst im 18. Jahrhundert vollzog sich ein Bedeutungswandel ins Negative, denn man verstand darunter nun eine moralisch-sittliche Predigt bzw. einen Tadel.

Kanzeln wurden ja traditionell so gebaut, dass der Pfarrer bei der Predigt immer etwas erhöht über den Gläubigen steht. Das Wort Gottes kam somit im wirklichen Sinne »von oben herab«. Dieser Umstand mag bei der Entstehung der Redewendung mitgewirkt haben. Der Bezug der Redewendung zur Kirchenkanzel ging im Laufe der Zeit verloren; der Eindruck des Tadels blieb erhalten. Wenn Sie jetzt Lust bekommen haben, der für diese Redewendung Pate stehenden Konstruktion einen Besuch abzustatten, können Sie dies im Aachener Dom tun. Hier befindet sich mit der »Heinrichskanzel« die älteste ihrer Art in Deutschland. Sie wurde dem Gotteshaus im Jahr 1014 von Kaiser Heinrich II. geschenkt.

Einige bei der Herstellung dieses Kunstwerkes verwendeten Bestandteile, die sogenannten Spolien, datieren sogar aus noch früherer Zeit.

Tageszeitungen, aber auch Illustrierte lassen den interessierten Leser in mehr oder weniger reißerischen Schlagzeilen manchmal wissen, dass diesem Politiker oder jenem Prominenten die Absolution erteilt wurde. Die wenigsten der Personen suchten jedoch einen Geistlichen auf, um dieselbe zu erlangen. Gemeint ist eben nicht der katholische Brauch im eigentlichen Sinne, sondern mehr das Verzeihen bzw. Vergeben eines groben Fehlverhaltens durch die Öffentlichkeit. Ob dabei jedoch wirklich Reue empfunden wird, bleibt meist im Dunkeln.

Bereits im 14. Jahrhundert bei den Mystikern, einer religiösen Bewegung des Mittelalters, taucht der Begriff »Absolution« auf. Unmittelbar verbunden ist diese Lossprechung von der Schuld in der Kirchenpraxis mit der Beichte sowie mit der entsprechenden Buße und Reue des Sünders. Die Beichte an sich, eines der Sakramente, ist aber schon viel älter. Die ersten Nachweise lassen sich bis in das 2. Jahrhundert nach Christus verfolgen. Erst auf dem Vierten Laterankonzil 1215 wurde jedoch die äußere Form, der Ablauf der Beichte festgelegt.

Im 18. Jahrhundert fand »die Absolution erteilen« dann als neutrale, dem religiösen Bezug entwachsene Redewendung Eingang in den alltäglichen Sprachgebrauch. Einen großen Anteil daran hatten Tageszeitungen und Journale für alle Bevölkerungsschichten, die sich zu dieser Zeit immer stärker verbreiteten.

Es ist noch gar nicht so lange her, die Älteren unter uns werden sich noch schmerzlich an jene Jahre des Krieges und der folgenden Aufbaujahre erinnern und wissen, wie es sich anfühlt, hungrig zu Bett zu gehen und mit knurrendem Magen wieder aufzustehen – also kurzum »am Hungertuch zu nagen«. Damals gab es wirklich nichts oder nur sehr wenig zu essen. Wenn heutzutage gesagt wird, dass jemand »ja nicht gerade am Hungertuch nagen muss«, dann meint man nicht einfach, dass derjenige keinen Hunger leidet. Vielmehr verfügt der Betreffende dann über eine sehr gute finanzielle Lage, so dass die Besorgung von Lebensmitteln wohl kaum zu seinen Problemen gehört.

Aber wie kommt nun das Tuch ins Sprichwort? Ist das Tischtuch eines reichen Adligen oder Bürgers, wie wir es auf einigen alten niederländischen Stillleben bewundern können, Ausgangspunkt? Nein. Die Redewendung entstand im hohen Mittelalter. Seit dem 10. Jahrhundert verhüllte ein zunächst einfaches Tuch am Aschermittwoch den Hauptaltar einer Kirche und markierte den Beginn der Fastenzeit. Erst am Karmittwoch wurde es wieder entfernt. Da in der

Fastenzeit die Gläubigen auf die Ansicht des Altarbildes verzichten mussten, wurden diese Fastentücher in späteren Zeiten aufwändiger verziert und mit erbaulichen Szenen aus der Bibel bestickt. Die ältesten Exemplare stammen bereits aus dem Mittelalter, so das Fastentuch in Gurk (Österreich) von 1458 oder das Zittauer Fastentuch von 1472. Von den Gläubigen wurden diese Fastentücher nur Hungertücher genannt, denn mit ihrer Aufhängung begann die mit Verzicht und Entsagung einhergehende Fastenzeit, in der die Mahlzeiten karg waren.

Eine Kirche, die sich bewegen und ein Dorf umrunden kann? Ganz so wörtlich sollte man diesen Ausdruck auch in heutiger Zeit nicht nehmen. Selbst wenn es im Jahr 2007 tatsächlich ein Gotteshaus gab, das durch seinen Weg auf einem Tieflader von Heuersdorf nach Borna in Sachsen zu einiger Berühmtheit gelangte. Unbeabsichtigt sind wir sicher alle schon einmal mehr oder weniger »mit der Kirche ums Dorf gegangen«. Immer dann, wenn wir den komplizierten, umständlichen Weg der einfachen Lösung eines Problems vorgezogen haben.

Zurückführen lässt sich der Ausdruck auf alte Prozessionsweisen. Solche »Umgänge« kennen wir aus allen Kulturen. So gab es schon zu Zeiten der alten Griechen den großen Umzug bei den Feierlichkeiten der Panathenäen und bei den Germanen die Sonnenwendumgänge zu Ehren Freyas, der Fruchtbarkeitsgöttin. An bestimmten Tagen im Jahr oder zu besonderen Anlässen sammelten sich die Menschen um ihren Priester. Dieser vollzog dann eine Zeremonie, die mit einem Umgang abgeschlossen wurde. Einige Osterprozessionen, wie die Hagel- oder Schauerprozessionen, lassen sich noch auf den alten germanischen Brauch der Feldumgänge, als Bittprozession für gutes Wetter und Ernte, zurückführen.

Die ganze Gemeinde, die Kirche, geht also um das Dorf. Eine solche Prozession konnte manchmal bis zu zehn Stunden dauern. Das war schon für die damaligen Menschen eine lange Zeit, und mit Sicherheit waren sie der Meinung, dass man diesen Umweg vermeiden könnte, indem man doch gleich in die Kirche ginge.

Wenn wir den Ausdruck »der ist aber zu Kreuze gekrochen« verwenden, dann meinen wir, dass derjenige sich einer anderen Person völlig unterworfen hat. Die Beweggründe für eine solche Handlung können sehr unterschiedlich sein, zumeist aber geht es für den »Kriechenden« um einen persönlichen Vorteil. Es ist deswegen eine eher abwertende Bemerkung über den Betreffenden. Dabei wird natürlich in solchen Situationen schon lange nicht mehr wirklich gekrochen, obwohl genau dies der Ursprung der Redewendung ist.

Seit ca. 1200 ist die Praxis des Kriechens, des Heranrutschens auf den Knien an das Kreuz, den Altar zu Gründonnerstag oder Karfreitag in England nachweisbar. Spätestens seit dem 14. Jahrhundert wurde in den Burgen, in denen sich der englische König aufhielt, das Kreuz von Gyneth, welches einen Splitter vom Kreuze Jesu enthielt, aufgestellt. Der König ging in einigem Abstand davon auf die Knie und legte sich dann auf den Boden, so wie es Mönche bei der Ablegung der Profess tun. Dann kroch er langsam unter Gebeten auf das Kreuz zu. Schon Augustinus schrieb in seinem Kommentar zum 43. Psalm, dass die Kniebeuge allein keine ausreichende Ehrerbietung den heiligsten Dingen gegenüber darstelle. Nur beim Berühren des Bauches mit dem Boden sei die letzte Stufe der Demütigung erreicht, tiefer ginge es nicht. Dies war eine Form strenger Buße im Gedenken an die Kreuzigung Jesu.

Auch bei anderen Wallfahrten ist dieser Brauch bis heute zu beobachten. Erinnert sei an die heilige Treppe, die Scala Santa der Lateranbasilika in Rom, die jährlich von Hunderten Gläubigen auf den Knien erklommen wird. Auch hier »kriecht« man zu Kreuze, denn am oberen Ende der Treppe befindet sich eine Darstellung der Kreuzigungsszene.

Dieses einst wortwörtlich gemeinte Sprichwort ist heute fast völlig unbekannt. Warum? Ganz einfach: weil die Grundlagen dafür heute nicht mehr existieren. Der Krummstab ist das Amtszeichen des Bischofs, so wie der Kaiser den Reichsapfel und das Zepter trägt, oder der Marschall den Marschallsstab. Im Heiligen Römischen Reich Deutscher Nation waren die Bischöfe nicht nur wie heute Seelsorger ihrer Gemeinden, sondern zusätzlich meist auch territoriale Herren. Diese Gleichzeitigkeit endete erst mit der Auflösung des Reiches 1806. Bis zu diesem Zeitpunkt jedoch war die Geistlichkeit von den üblichen Abgaben befreit. Im Gegensatz zu den freien Städten und den adeligen Herren erhielten die Bischöfe aus den ihnen unterstellten Gebieten zusätzlich zu den ohnehin erhobenen Abgaben den Kirchenzehnt. Diesen geldwerten Vorteil gaben sie in den meisten Fällen zugunsten der Entwicklung ihrer Ländereien an die Untertanen weiter, indem die Höhe der Abgaben für sie deutlich geringer ausfiel als für die Untertanen adeliger Herrschaften.

Das »gute Leben« bezieht sich also nicht, wie Kirchenkritiker vielleicht meinen, vorrangig auf die

Bischöfe, sondern tatsächlich auf die Bevölkerung. Heutzutage erhalten die Religionsgemeinschaften in Deutschland staatliche Zuschüsse für die Übernahme sozialer oder caritativer Aufgaben und Entschädigungszahlungen für die Enteignung im Jahre 1803, sowie Beihilfen für den Gebäudeunterhalt, Personalkosten und weitere Steuererleichterungen.

» PÄPSTLICHER ALS DER PAPST «

Jemand ist pingelig oder ein Pedant, wenn er es sehr genau, vielleicht auch zu genau mit einer Sache nimmt. Übertreibt es derjenige aber, dann sagt man über ihn, er sei »päpstlicher als der Papst«. Zugrunde liegt die erst 1870 durch Papst Pius IX. endgültig festgehaltene Unfehlbarkeit des Papstes. Diese war in den vorangegangenen Jahrhunderten zwar per se anerkannt, jedoch nicht schriftlich formuliert worden. An die Unfehlbarkeitsäußerungen sind aber Bedingungen geknüpft. Zunächst muss eine solche Äußerung ex cathedra Petri, also vom Amtssitz des Bischofs in Rom ergehen. Sie muss mit den Worten »definimus et declaramus« eingeleitet werden, und sie darf nicht im Gegensatz zur Bibel oder der apostolischen Tradition der Kirche stehen. Die Unfehlbarkeit bezieht sich auf Glaubens- und Lehrmeinungen innerhalb der katholischen Kirche. Sie gibt dem Papst die letzte Entscheidungsgewalt in kirchlichen Streitfragen. Bisher wurde von der Unfehlbarkeit nur einmal Gebrauch gemacht. Papst Pius XII. erhob 1950 die leibliche Aufnahme Mariens in den Himmel zum kirchlichen Dogma. Die bis zur Festhaltung schon allgemein anerkannte Unfehlbarkeit bezogen die Menschen aber auf alle Äußerungen des Papstes, die er in Streitfragen machte. Die Aussagen wurden als unumstößliche Wahrheiten betrachtet, die nicht angezweifelt werden durften. In Frankreich existiert mit »Il ne faut pas etre quelle royaliste que le roi« (Man muss nicht königlicher als der König sein) eine ähnliche Redewendung.

Hebt sich ein Mensch mit seinem ethisch-moralischen Verhalten positiv aus der Menge hervor, dann spricht man noch ab und an von einem »Säulenheiligen«. Gemeint ist nicht die Skulptur eines Heiligen in der Kirche, welche auf einem kleinen Podest steht. Ursprünglich war dieses Herausragen einer Person aus der Masse wortwörtlich gemeint. Die ersten »Säulenheiligen«, die sogenannten »Styliten«, lebten im 4. bis 6. Jahrhundert vor allem in Kleinasien. Sie variierten eine schon seit Jahrhunderten in Indien verbreitete Tradition der Gottfindung. Noch heute bewundern wir die indischen Yogi, wenn sie auf einem Nagelbrett liegen oder über brennende Kohlen laufen.

Die Säulenheiligen waren Mönche, die – losgelöst vom Boden – auf richtigen Säulen lebten. Auf den drei und mehr Meter hohen Podesten versuchten sie, durch Askese ein mystisches Erlebnis, eine Annäherung an Gott zu erlangen. Die Säulen waren mit einer großen Auflagefläche versehen, auf der sich der Mönch ausstrecken konnte. Durch ein Geländer war er vor dem Herunterfallen geschützt, jedoch dem Regen und der Witterung ausgesetzt.

Säulenheilige erfüllten mit ihrem Leben drei asketische Prinzipien: die stabilitas loci (Ortsverbundenheit, wie andere Mönche auch), das Unbehaustsein und das Stehen. Mit den nötigsten Dingen des alltäglichen Lebens wurden sie von den Gläubigen versorgt, denen sie im Gegenzug predigten.

Heute wird in einigen Gegenden ein profaner Wettkampf ausgetragen, das Pfahlsitzen, bei dem es darum geht, wer es am längsten auf seinem Pfahl aushält. Für diese Wettkämpfe standen die Säulenheiligen Pate.

» AUF DEN NÄGELN BRENNEN «

Wenn eine Sache absolut keinen Aufschub duldet, etwas also ganz eilig ist, dann »brennt sie auf den Nägeln«. Bei dieser Redewendung geht es aber nicht um Eisennägel, auf die Kerzen aufgesteckt werden. Auch an offenes Feuer denkt dabei heute niemand mehr. Dabei sah das in der Entstehungszeit der Redewendung komplett anders aus.

Im Mittelalter war elektrisches Licht ja noch nicht erfunden. Gottesdienste wurden und werden in einem Kloster aber auch gehalten, wenn es noch dunkel ist. Bienenwachskerzen für die Ausleuchtung des gesamten Kirchenraumes waren aber zu teuer. Um dennoch in den Gebetbüchern lesen zu können, klebten sich die Mönche kleine Talglichter auf die Fingernägel. Waren diese abgebrannt, dann brannte es im wahrsten Sinne des Wortes auf den Nägeln, und es war Zeit, ein neues Licht aufzukleben.

Das Praktische an diesen Talglichtern war, dass sie gleich zwei Zwecke erfüllten: Der eine war die schon beschriebene Möglichkeit des Lesens im Dunkeln. Ebenso wichtig war, dass der Mönch auch aufpassen musste, wollte er keine Schmerzen erleiden.

Stellen Sie sich eine Kirche vor, in der einige Mönche beieinander sitzen und beten, in der das Licht nur spärlich den Raum erleuchtet, dazu die gregorianischen Gesänge mit ihren wiederkehrenden, beruhigenden Melodiebögen – da konnte ein müder Mönch schnell einschlafen. Die Talglichter halfen dem Kleriker wachzubleiben, da es ansonsten »auf den Fingernägeln« brannte. Sie waren also eine Art Wecker.

»Das passiert nur alle Jubeljahre einmal.« – Diesen Satz hört man immer dann, wenn etwas nur äußerst selten passiert. Der Ursprung des Satzes stammt aus der jüdischen Tradition des »Jobeljahres«. Dieses wurde nur alle 50 Jahre ausgerufen. Grund zum Jubel hatten die Menschen dann, denn ihnen wurden alle Schulden erlassen.

Auf diese positive Tradition griff die Kirche zurück, als Papst Bonifatius VII. anno 1300 das Heilige Jahr in Erinnerung an Christi Geburt einführte. In diesem Heiligen Jahr wurde allen Rompilgern der vollständige Ablass gewährt. Anfangs wurde der Ablass nur solchen Pilgern gewährt, die die Heilige Pforte dreimal durchschritten, später wurde er allen gewährt. In Rom selbst gibt es vier heilige Pforten: im Petersdom, in San Giovanni in Laterano, in Santa Maria Maggiore und in San Paolo fuori le Mura. Eine weitere heilige Pforte befindet sich außerhalb Roms, in Spanien. Papst Calixt II. erteilte 1122 das Privileg, eine solche Pforte an der Kathedrale von Santiago de Compostela einzurichten.

Seit 1499 markieren drei Hammerschläge an die Porta Santa von St. Peter den Beginn eines Heiligen

Jahres. Mit diesen Schlägen wurde die vermauerte Pforte geöffnet. Heutzutage ist die Pforte jedoch schon vorbereitet und muss lediglich noch aufgestoßen werden. War zunächst geplant, das Heilige Jahr alle 100 Jahre stattfinden zu lassen, führte der durchschlagende Erfolg zu einer stetigen Verkürzung der Intervalle auf zunächst 50, dann 33 und seit 1450 auf 25 Jahre. Das letzte Heilige Jahr, dessen Eröffnung durch Johannes Paul II. live im Fernsehen verfolgt werden konnte, war 2000.

» ARM WIE EINE KIRCHENMAUS «

Gern und häufig benutzen wir noch heute diese verniedlichende Redewendung, wenn wir jemandem die Mittellosigkeit bescheinigen wollen. Mäuse waren früher, anders als heute, weitverbreitete ungebetene Mitbewohner der Menschen. Sie teilten sich mit Flöhen, Läusen, Ratten und anderem Getier den Lebensraum der Menschen. In vielen Dorfmuseen können wir noch solche alten Bauernhäuser sehen, in denen die Menschen zusammen mit den Haustieren in einem Raum oder nur getrennt durch eine dünne Bretterwand von ihnen lebten. Die Parasiten hatten daher leichten Zugang zu den Menschen und deren Nahrungsmittelspeichern.

In Kirchen gab es dagegen selten Mäuse. Warum? Haben Sie schon einmal eine Kirche mit Vorratsräumen gesehen? Für die kleinen Nager gab es dort nichts zu holen. Und sollte sich einmal eine Maus doch in ein Gotteshaus verirrt haben, dann war sie wirklich arm dran.

Kein Künstler singt gern vor einem leeren Haus, in diesem Fall einer Kapelle. Wenn kein Zuhörer vorhanden ist, der die Musik hört und genießt, dann ist alle Kunst vergebens. So ähnlich ist das Sprichwort auch gemeint. Die Musik ist schon seit frühester Zeit Bestandteil der heiligen Messe. Sie dient der Begleitung und dem Lobpreis.

Wenn also in einer leeren Kapelle gesungen wird, dann ist auch niemand da, der die gute Botschaft der Lesung hören kann, niemand, der beispielsweise aus der Predigt einen guten Rat annehmen kann. Das ist der Kern der Sache: Es bedeutet, dass niemand auf einen guten Rat hören will. Eine ähnliche Bedeutung hat die Redensart »ein Rufer in der Wüste sein«.

Man könnte auch sagen »finito, aus und vorbei« oder »ex und hopp«. Möchte man sich jedoch etwas vornehmer und gewählter ausdrücken, dann sagt man »die Messe ist gesungen«. Die Aussage ist die Gleiche: Man will damit klarmachen, dass etwas endgültig vorbei ist, ohne Möglichkeit einer nachträglichen Korrektur.

Zugrunde liegt der Ablauf der katholischen Messe. Zum Ende heißt es: »Ita, missa est.«- »Gehet hin, es ist Entlassung.« Das Wort »missa« ist in das Deutsche als »Messe, Gottesdienst« eingegangen. Der Entlassungssatz wurde von den Gläubigen fälschlich als »Die Messe ist aus« verstanden. Das Wort selbst ist auch in die Musik eingegangen.

Die vollständig »Missa solemnis« benannte Gattung bezeichnet die musikalische Umsetzung des Gottesdienstablaufes eines festlich zu begehenden Hochamtes. Anlässe für ein solches waren hohe kirchliche Feiertage; es konnten ebenso gut auch Hochzeiten, Krönungen oder Trauermessen von Königen und anderen hohen Personen sein. Zu den bekanntesten zählen die Missa solemnis von Ludwig van Beethoven, die c-Moll-Messe von Wolfgang

Amadeus Mozart und die h-Moll-Messe von Johann Sebastian Bach.

Da innerhalb einer solchen Messe sämtliche Texte gesungen werden, haben die Menschen nach Beendigung der Aufführung mit Recht sagen können, die Messe ist gesungen. Dieses übertrugen sie dann auf ihre alltäglichen Angelegenheiten und Dinge, die nicht mehr zu ändern waren, deren Ende sie akzeptieren mussten, ob sie wollten oder nicht.

» DEN KANZELSPRUNG TUN «

Hier handelt es sich nicht um einen sportlichen Wettbewerb, wer am weitesten von der Kanzel springt. Diese Redensart benutzte man vielmehr, wenn Brautleute in der Kirche das Aufgebot bestellten. Das Verlesen des Aufgebotes von der Kanzel herab war der versinnbildlichte Sprung in ein neues Leben der beiden einander Versprochenen. So können wir schon in Grimmelshausens »Simplicissimus« lesen »dasz sie umb acht tag ehender als sonsten dorften hochzeit halten, weiln sie in acht tagen dreimahl nacheinander über die canzel geworfen werden konten«.

Bei dem Verlesen des Aufgebotes wurden nur die Namen und die Abkunft der Brautleute verkündet, da eine Nennung der Titel als unschicklich und der Kanzel abträglich betrachtet wurde. Das Aufgebot musste an drei aufeinanderfolgenden Sonntagen erfolgen, erst dann durften die Brautleute heiraten. Schöner noch als Grimmelshausen gibt uns Johann Heinrich Voss das Aufgebot in seiner »Bleicherin« von 1776 wider: »Da sollt ihr ein Flistern hören, durch die Stühl` und auf den Chören, wann den Kanzelsprung wir thun: Siegmund, Sohn vom Müller Franke, mit der Jungfer Anna Hanke! Wer was will, der spreche nun!« In Bayern hieß es auch »von der Kanzel ra schmeißa«, in Schwaben werden die Brautleute »von der Kanzel rakeith« (herabgeschickt).

» WIE DIE ORGELPFEIFEN « /
» ALLE REGISTER ZIEHEN «

Als Kinder waren wir alle schon einmal die Orgel-
pfeifen, nämlich immer dann, wenn wir mit anderen der Größe nach in einer Reihe standen. Zieht
jemand dagegen alle Register, dann will er das
Beste aus sich herausholen, um eine andere Person
zu beeindrucken. Das Vorbild für diese beiden bild-
lichen Vergleiche ist die Königin der Instrumente,
die Orgel. Eine Orgel besitzt mehrere Register bzw.
Pfeifenreihen. In jeder Pfeifenreihe sind die einzel-
nen Pfeifen der Größe nach angeordnet, denn die
Größe bestimmt den Ton entscheidend mit. Grob
gesagt: Je länger die Pfeife, desto tiefer der Ton. Mit
dem Register wählt der Organist alle Pfeifen einer
Klangfarbe aus. Das Zusammenspiel dieser Register
ist entscheidend für die Harmonie des Orgelspiels.
Es ist also nicht immer von Vorteil, alle Register zu
ziehen, um mit ihnen zu spielen. Der Zuhörer wird es
aber auf jeden Fall bemerken, wenn alle Möglichkeiten des Orgelspiels genutzt werden.
Die Orgel ist schon seit der Antike bekannt. Anfangs
gab es Orgeln, die mittels Wasser den nötigen Luft-
druck erzeugten. Später wurden die rein luftbetriebe-

nen Orgeln entwickelt. Reste solcher antiken Orgeln wurden in Dion (Griechenland) und in der Nähe von Budapest gefunden. Unter den byzantinischen Kaisern des Frühmittelalters avancierte die Orgel allmählich zum zeremoniellen Instrument. Von dort fand sie Eingang in die europäische Kirchenpraxis. Eine der ältesten noch spielbaren Orgeln befindet sich in der St.-Andreas-Kirche in Ostönnen/ Soest; sie stammt aus dem Jahre 1425/31. Auch die kleineren, tragbaren Orgeln, sogenannte Portative sind eine Erfindung des Mittelalters.

» ER IST KEINEN KREUZER WERT «

Heutzutage sagen wir eher »er ist keinen Pfifferling wert« oder »er ist keinen Pfennig wert«. Alles nicht gerade schmeichelhafte Aussagen über die Wertschätzung einer Person. An den Pfennig können sich viele noch als die kleinste Münzeinheit der alten deutschen Währung erinnern. In Großbritannien gibt es ihn noch, den »Penny«.

Im Mittelalter war der Kreuzer eine der kleinsten Silbermünzen im süddeutschen Raum. Eigentlich ist die Münze nur eine Variante des norddeutschen »Groschen«, der ab 1271 in Meran geschlagen wurde. Der Name »Kreuzer« leitet sich aus dem Prägebild ab: Auf der Münze war ein Kreuz zu sehen. Der Wert eines solchen Kreuzers variierte, wie der Wert anderer Münzen auch. Der reale Wert einer Münze errechnete sich früher immer an dessen Edelmetallgehalt. So konnte ein Silbergroschen im 19. Jahrhundert in Preußen 12 Pfennige wert sein, in Sachsen dagegen der Neugroschen nur 10 Pfennige. Schon seit dem 16. Jahrhundert ließ der Gehalt an Silber nach. Schließlich sank der Kreuzer im 17. Jahrhundert, der Zeit der Münzentwertung vor allem während des Dreißigjährigen Krieges, zur reinen Kupfermünze herab. In Deutschland, Österreich und der Schweiz verschwand der Kreuzer als Münze im Zuge von Währungsreformen und Normierungen im Laufe des 19. Jahrhunderts. Spuren hat die Münze dennoch hinterlassen. Die Währungen in Brasilien kannten den Cruzeiro bzw. Cruzado bis in das 20. Jahrhundert, namensgebend war der Kreuzer.

» SEINEN SEGEN DAZU GEBEN «

Jeder von uns hat es wohl schon einmal getan: Seinen Segen zu etwas gegeben, das heißt eine Sache gutheißen und bejahen. Der Ursprung dieser schon sehr früh belegten kirchlichen Praxis ist hier noch sehr gut zu erkennen. Bereits in den frühesten Religionen wurde von Priestern der Segen gespendet. Das konnte Handlungen betreffen, Felder wurden gesegnet oder auch Gegenstände. Diese Segnungspraxis hat auch das Christentum übernommen.

Am bekanntesten und wohl beliebtesten ist heute der Segen des Priesters zur Hochzeit. Daneben gibt es aber unter anderen die Aussegnung, die Weihe für ein bestimmtes Amt oder den Reisesegen. Noch bis in die Neuzeit hinein wurden auch Verträge von Wichtigkeit mit dem kirchlichen Segen versehen. Die Feldsegnung der Soldaten ist in einigen Staaten auch heute noch üblich.

Das Wort »Segen« selbst ist eine Ableitung vom lateinischen »signare«, welches im Mittellateinischen mit »das Zeichen des Kreuzes machen« übersetzt wurde. Der Segen an sich konnte nur von Klerikern gespendet werden. Da aber in vielen Bereichen des täglichen Lebens eine Zustimmung der rechtlich Vorstehenden benötigt wurde, gelangte der Segen im Sinne von »Bestätigung« in die profane Welt. In verballhornter Form ist »seinen Senf dazu geben« wohl jedem geläufig.

» ER IST EIN ADVOCATUS DIABOLI «

Wenn jemand zu einer Sache oder einer Person alles Negative und Unangenehme hervorbringt, um sie gerecht beurteilen zu können, dann wird er als Advocatus Diaboli, als Anwalt des Teufels, bezeichnet. Dieser Anwalt gibt jedoch keine Wertung ab, sondern zählt nur auf. Im allgemeinen Sprachgebrauch jedoch wird die Redewendung verwendet, wenn jemand als Fürsprecher einer Sache auftritt, die er selbst gar nicht vertritt, also eine Person, die immer den anderen Standpunkt einnimmt. Der Ausdruck »Anwalt des Teufels« stammt aus der Selig- und Heiligsprechungspraxis der römisch-katholischen Kirche. Innerhalb des Prozesses, bei dem die mögliche Heiligkeit einer Person geprüft wird, werden alle positiven Argumente, vertreten durch den Advocatus Angeli oder Advocatus Dei, aber auch alle negativen Dinge vorgebracht, um ein klares Bild der Person zu erhalten. Aufgabe des Advocatus Diaboli ist also, die Argumente für die Heiligsprechung anzufechten und eigene Gegenargumente einzubringen. Seit dem 10. Jahrhundert bildet diese »Verhandlung« über den Seligen/Heiligen einen der letzten Punkte im

Prozess. Folgen mindestens zwei Drittel der berufenen Theologen den positiven Argumenten, entscheidet der Papst über die Aufnahme in die Reihen der Heiligen. Als erster auf diese Art kanonisierte Heilige wird Ulrich von Augsburg 993 angesehen. Papst Johannes Paul II. benannte den Advocatus Diaboli 1983 um in Promotor Justitiae (Förderer der Gerechtigkeit).

» HIER STEHE ICH,
ICH KANN NICHT ANDERS. «

Dieses Zitat ist wohl jedem bekannt. Verwendet wird es von uns immer dann, wenn wir eine feste Meinung haben, die wir um keinen Preis aufgeben. Von wem es stammt und in welchem Zusammenhang es geäußert wurde, weiß aber nicht mehr jeder. Kurfürst Friedrich der Weise von Sachsen, einer der mächtigsten und einflussreichsten Fürsten seiner Zeit, konnte durchsetzen, dass Luther auf dem Wormser Reichstag 1521 die Möglichkeit bekam, seine Thesen nochmals persönlich zu erläutern und darzulegen. Für diese Hin- und Rückreise gewährte er ihm freies Geleit.

Nach Anhörung, oder besser Verhörung durch die anwesenden Fürsten und Reichsstände sollte Luther seine Thesen widerrufen. Für seine Antwort erbat sich Luther einen Tag Bedenkzeit. Er wusste, dass ihn eine negative Antwort unter Umständen das Leben kosten konnte. Am 18. April gab er folgende Antwort: »Nur wenn mein Gewissen in den Worten Gottes gefangen ist, will ich widerrufen. Denn es ist nicht geraten, etwas gegen das Gewissen zu tun. Gott helfe mir. Amen.«

Daraufhin belegte Kaiser Karl V. ihn mit dem sogenannten Wormser Edikt. Dieses verbot die Verbreitung von Luthers Schriften und seine Unterstützung
und erklärte ihn für vogelfrei. Um seine Glaubwürdigkeit zu wahren, wurde er auf der Rückfahrt
auf Befehl Kurfürst Friedrichs des Weisen auf der
Wartburg in Eisenach unter dem Pseudonym Junker
Jörg versteckt. Dort übersetzte Luther dann die Bibel
neu aus dem Griechischen ins Deutsche. Es ist also
nicht verbürgt, dass Luther die berühmten Worte
»Hier stehe ich, ich kann nicht anders« wortwörtlich gesprochen hat. Wer immer ihm diesen Satz
untergeschoben hat, hat jedenfalls eine eingängige
Formulierung gefunden, die zum Sinnbild für Stand-
haftigkeit geworden ist.

Heute würden wir eher sagen, »das ist mir zu bunt« oder »das ist zum Verrücktwerden«. Man benutzt diesen Ausdruck also immer dann, wenn einem etwas nicht gefällt oder wenn man mit etwas unzufrieden ist. Aber weshalb wurde man dann früher katholisch? Entstanden ist die Redewendung zu Zeiten der Gegenreformation im 16./17. Jahrhundert im Einflussbereich der Habsburger. Diese versuchten, nicht immer mit friedlichen Mitteln, die schon eingeführte Reformation in ihren Ländern, vor allem in Schlesien, im Salzburger Land oder auch in Böhmen und Mähren, wieder rückgängig zu machen.

Während und nach Beendigung des Dreißigjährigen Krieges mussten rund 150 000 Menschen des Glaubens wegen ihre Heimat im Königreich Böhmen und Mähren verlassen. Infolge der Aufhebung des Ediktes von Nantes 1685 wurden die Hugenotten aus Frankreich ausgewiesen, die vor allem in Brandenburg Aufnahme fanden. Noch heute erinnert das französische Viertel in Berlin an diese Zeit. Am bekanntesten sind aber wohl die knapp 20.000 Salzburger Exulanten, die 1732 vor allem nach Brandenburg-Preußen ausgewiesen wurden.

Als politische Grundlage all dieser Vertreibungen im Reich diente der Augsburger Religionsfrieden von 1555. In diesem war das später so benannte Prinzip »Cuius regio, eius religio« festgelegt, was so viel bedeutet wie »wer herrscht, bestimmt die Religion«. Dieses Prinzip wurde aber nach und nach aufgeweicht. So wurde das sächsische Kursfürstenhaus aus rein politischen Gründen katholisch und die brandenburgischen Hohenzollern calvinistisch. Nun hätten alle Untertanen ihre Religion mit wechseln müssen. Da dies aber in beiden Staaten nicht ohne große Unruhen oder gar Aufstände durchführbar war, gewährten die Herrscher ihren Untertanen die Beibehaltung der alten Religion, also des evangelisch-lutherischen Glaubens.

» DAS IST WIE ABLASS GEN ROM TRAGEN «

Die meisten von uns kennen den Spruch »Das ist wie Eulen nach Athen tragen«, also etwas Überflüssiges, nicht Notwendiges tun. Man soll nicht etwas mitbringen, was am Zielort schon reichlich vorhanden ist. Genau dasselbe meinten die Menschen im Mittelalter, wenn sie »den Ablass gen Rom« trugen. Sie bezogen sich damit auf die Gewährung des vollständigen Ablasses nach Absolvierung einer Pilgerreise nach Rom.

Rom war im Mittelalter eine der wichtigsten Pilgerstätten. Neben Jerusalem und Santiago de Compostela war die Stadt eine Station auf der »peregrinatio maior«, der großen, wichtigen Pilgerreise. In Rom befinden sich unter anderem die Grabstätten der zwei Apostel Petrus und Paulus. Hier wurde die eigentliche abendländisch-christliche Kirche gegründet, und Rom ist bis heute das Zentrum der katholischen Kirche mit dem Vatikan als Sitz des Papsttums. Aus diesen Gründen wurde dem Pilger bei Besuch aller sieben Hauptkirchen der Stadt (St. Peter, St. Paolo fuori le mura, San Giovanni in Laterano, Santa Maria Maggiore, San Lorenzo fuori le mura, Santa Croce und San Sebastiano alle Catecombe) der vollständige Ablass gewährt. Diese Kirchen waren alle innerhalb eines Tages von dem Gläubigen zu erreichen.

Ein Pilger kam also *von* Rom mit dem erlangten Ablass in seine Heimat zurück. Erinnert sei hier an die Praxis des Jubeljahres. Ähnliche Redewendungen mit regionalem Bezug wurden nach dem gleichen Muster gebildet, so zum Beispiel den Käse in die Schweiz rollen, Schnecken nach Metz treiben, Bierfässer nach München rollen oder auch Frauen nach Paris mitnehmen.

» BETE UND ARBEITE / ORA ET LABORA «

Jeder kennt diesen Satz. Selbst Personen, die nicht gläubig sind, benutzen ihn gern und oft. Woher er stammt, was er bedeutet, wissen allerdings die wenigsten. Viele sind der Meinung, es bedeute, man solle nicht reden, seine Arbeit tun und zu Gott beten, also nichts hinterfragen, alles akzeptieren, wie es ist. Sie führen die Redewendung auf den heiligen Benedikt, den Begründer des abendländischen Mönchtums, zurück. Das ist aber vollkommen falsch. Der Satz umschreibt nur einen Teil der Intention der benediktinischen Ordensregel aus dem 6. Jahrhundert, stammt aber aus dem Spätmittelalter. Vollständig lautet er: »Ora et labora et lege, deus adest sine mora«, was so viel heißt wie: »Bete, arbeite und lese, Gott ist da und hilft.« Man wollte damit ausdrücken, dass der Weg zu Gott nur über Gebete, die Lesung der Bibel *und* Arbeit führt. Gemäß der Bibel sollte der Mensch ja das Brot im Angesicht seines Schweißes essen, nachdem er vom Baum der Erkenntnis gekostet und aus dem Paradies vertrieben wurde (Gen 3,19).

Der heilige Benedikt wollte einen Ausgleich zwischen Handarbeit und Gebet, zwischen Körper und Geist herstellen. So heißt es in der Regel: »Müßiggang ist der Seele Feind. Deshalb sollen die Brüder zu bestimmten Zeiten mit Handarbeit, zu bestimmten Stunden mit heiliger Lesung beschäftigt sein.« Er erkannte, dass das Nichtstun, das Verlassen auf Gott allein, nicht zu Gott führen wird. Der Mensch muss seinen Anteil beitragen, dann wird auch Gott ihm beistehen auf dem Weg hin zu ihm.

Sehr häufig benutzen wir diesen Ausdruck, wenn wir nicht ganz überzeugt von einer Sache sind, einen Verdacht hegen. Meist geht es um Verträge, die man abschließt, bei denen man nicht alles versteht oder deren Tragweite man nicht überblickt. Negative Auswirkungen sind dann die unangenehmen Folgen. Und diese Folgen ahnen wir schon, können sie aber nicht benennen.

Weshalb aber nun ein Pferdefuß? Pferde gelten schon seit Jahrhunderten als edle und nützliche Tiere. Sie bringen uns von einem Ort zum anderen, tragen Lasten und sind uns in vielen anderen Bereichen hilfreich. Negativ ist hier also eigentlich nichts. Kaum einer von uns denkt noch an die Zeit der Christianisierung und der Germanen. In deren religiöser Vorstellungswelt war Odin der Hauptgott. Und dieser hatte ein Pferd. Nicht irgendeines, sondern Sleipnir, der »Dahingleitende«. Es hatte acht Beine, und Odin konnte auf ihm reitend so schnell wie der Wind von einem Ende der Welt an das andere gelangen, da es in der Luft, auf Erden und im Wasser lief.

Für die ersten Missionare war Odin eine teuflische Gestalt, und sein Pferd war als sein Wesen ebenfalls teuflischen Ursprungs. Wenn also das Pferd oder ein Teil davon auftaucht, dann ist auch sein Besitzer, in unserem Falle der Teufel nicht weit entfernt. So kommt der schlechte Ruf des Pferdefußes in die Redensart eines Christen. Heute sagt man auch, die Sache hat einen Haken.

» SO SICHER WIE DAS AMEN IN DER KIRCHE «

Das ist wohl eine der meistgebrauchten Redewendungen aller Journalisten und Politiker. Sie wird gern und häufig verwendet, wenn ausgedrückt werden soll, dass eine Sache zu 100 Prozent, vollkommen sicher und unabänderlich beschlossen wird. Auch in der Alltagssprache benutzen wir diesen Satz aus demselben Grund. Aber weshalb ist das Amen so sicher? Ganz einfach, es ist Bestandteil der heiligen Messe. Gesprochen wird das »Amen« gleich an mehreren Stellen während der Messe, zum Beispiel bei der Eröffnung und nach jedem Gebet.

Man kann also ganz sicher sein, dass das Amen in der Kirche während (und auch außerhalb) des Gottesdienstes gesprochen wird. Es bedeutet so viel wie »So geschehe es« oder »Ja, so ist es«. Indem der Gläubige das Wort ausspricht, bestätigt er seinen Glauben. Wenn jemand aber »zu allem Ja und Amen sagt«, dann kann man sicher sein, dass er die Sache, um die es geht, nicht mehr versteht, nur noch aus Gewohnheit zustimmt oder großes Vertrauen in den hat, der es vorschlägt.

» DER HIMMEL AUF ERDEN «

Erlebt jemand den Himmel auf Erden, dann geht es ihm ausgesprochen gut. Es kann also eigentlich gar nicht mehr besser werden. Früher stellten sich die Menschen aber nicht den Himmel auf Erden vor, sondern ein neues Paradies oder das himmlische Jerusalem mit dem Wohnort Gottes. Noch heute sprechen wir ja ab und an von einem Paradies auf Erden, wenn wir von Südseeinseln träumen. Früher waren die Menschen sicher, dass sie den Himmel erst nach ihrem Tod erreichen konnten.

Der englische Dichter John Milton bezeichnete 1667 in seinem Bestseller »Das verlorene Paradies« (Paradise Lost) als Erster das Paradies als den Himmel hier auf unserer Erde. Das Versepos erzählt die biblischen Geschichten vom Sturz Satans und der Vertreibung von Adam und Eva aus dem Paradies. Allein im 18. Jahrhundert erlebte das Werk sieben Übersetzungen in die deutsche Sprache. Es war eines der erfolgreichsten Werke des Barock und fand Eingang in Kunst und Musik. So werden einzelne Verse in Haydns Oratorium »Die Schöpfung« verwendet, Penderecki widmete ihm im 20. Jahrhundert eine ganze Oper.

Sicher haben Sie diese Redewendung auch schon benutzt. Dann wollten Sie jemanden davon abhalten, eine Sache zu negativ zu sehen, und ihm die Angst nehmen. Aber was bedeutet der Hinweis auf das Abbild des Teufels? In früheren Zeiten glaubten die Menschen, dass mit der Aussprechung des Namens derjenige auch herbeigerufen wird. Erinnert sei nur an das Wort Christi (Matthäus 18,2): »Wo zwei oder drei versammelt sind in meinem Namen, da bin ich mit ihnen.«

Dem zugrunde liegt die Vorstellung von einem sogenannten Namenszauber: Der Name einer Person gehört zu seinem Wesen. Ein Name und sein Träger sind eng miteinander verbunden. Bekannt ist eine Bibelstelle, die oft bei Taufen zitiert wird. Da sagt Gott: »Ich habe dich beim Namen gerufen, du gehörst mir.« (Jesaja 43,1). Auch in Sagen und Geschichten spielt Namenszauber häufig eine Rolle. Die meisten Geister müssen erscheinen, wenn sie bei ihrem Namen gerufen werden, was sehr unangenehme Folgen haben kann. Das muss auch der Zauberlehrling in Goethes Gedicht erfahren, der die Geister nicht mehr loswird, die er gerufen hat.

Bei der obigen Redensart wird aber nicht der Name des Bösen ausgesprochen, sondern sein Abbild benutzt. Seit dem Mittelalter ist es üblich, das Fegefeuer oder auch den Jüngsten Tag an die Kirchenwände oder auf Altäre zu malen. Auf diesen Bildern ist natürlich auch der Teufel zu sehen. Diese Vorstellung von Strafe am Jüngsten Tag oder der Leiden im Fegefeuer wird auf das Diesseits bezogen, auf die jeweilige Sache, vor der man Angst hat. Das Abbild gleicht dem Aussprechen des Namens. Wer also den Teufel an die Wand malt, ruft ihn quasi herbei. »Mal nicht gleich den Teufel an die Wand« bedeutet »Geh doch nicht vom Schlimmsten aus«.

» DIE ARME-SÜNDER-GLOCKE LÄUTEN «

Heute reden wir davon, die Arme-Sünder-Glocke zu läuten, wenn wir ausdrücken wollen, dass jemand seine gerechte Strafe erhält oder eine Verfehlung öffentlich eingesteht. Früher war das anders. Diese »Arme-Sünder-Glocke« war das Letzte, was eine zum Tode verurteilte Person hörte. Am Tage der Hinrichtung erklang dieselbe vom Austritt aus dem Gefängnis bis zur Richtstätte des Delinquenten. Ein Priester begleitete den Verurteilten. An der Richtstätte nahm er dem Verurteilten die Beichte ab und, so er denn reuig war, versah der Kleriker ihn auch mit dem Sakrament. Mit dem Läuten der Glocke wurden die Bürger auf das nahende Spektakel aufmerksam gemacht. Sie sollten zahlreich daran teilnehmen, damit das abschreckende Beispiel richtig auf sie wirken konnte.

Seit 1981 muss zum Glück in unserem Land niemand mehr diese Glocke hören, auch wenn erst 1987 die Todesstrafe in Deutschland endgültig abgeschafft wurde. Die Glocke hing aufgrund ihrer Nutzung auch nicht auf gleicher Höhe wie das normale Geläut, sondern in der Regel tiefer, in einem Extraraum. Eine der ältesten Arme-Sünder-Glocken befindet sich in der Herrenberger Glockensammlung (Württemberg) und stammt vom Ende des 12. Jahrhunderts.

» EINE GARDINENPREDIGT HALTEN «

Manch ein Mann bekommt eine solche immer noch zu hören, wenn er spät abends und vielleicht nicht mehr ganz nüchtern nach Hause zu seiner Frau zurückkehrt. Sie schimpft dann, macht Vorhaltungen, eine richtige Predigt eben, der der Mann nur zuhören kann. Weshalb aber nennt man das eine »Gardinenpredigt«? Dafür gibt es zwei Erklärungen. Die eine erinnert daran, dass in früheren Zeiten die Betten ringsum mit Vorhängen, also Gardinen, abgeteilt waren. Das war nötig zum Schutz vor unangenehmen Krabbeltieren wie Flöhen und Wanzen, aber auch zur Wärmedämmung im Winter. In den ärmeren Häusern wurde der Schlafbereich vom Wohnbereich ebenfalls mit einem einfachen Vorhang abgeteilt. Da sich die Frau ja schon im Bett befand, also hinter der Gardine, kam so die Redewendung zustande.

Eine andere Erklärung kommt aus dem kirchlichen Umfeld. Im Zuge der Reformation wurde die jeweilige Pfarre einem örtlichen weltlichen Adligen unterstellt, der die Aufsicht und Sorge für das geistliche Wohl seiner Untertanen hatte, das sogenannte Patronat. In einigen protestantischen Kirchen wurde daraufhin die Patronatsloge eingebaut. In dieser konnte der Herr dann getrennt vom und erhoben über dem normalen Volk der Predigt beiwohnen. Die Logen sind meist mit Fenstern versehen, manche hatten auch nur Vorhänge. War der Patron anwesend, dann waren die Fenster in der Regel geöffnet. Aber auch bei geschlossenen Fenstern oder Gardinen konnte der Adlige anwesend sein. Der Priester konnte sich also nicht immer sicher sein, ob der Grundherr der Predigt lauschte, da er manchmal nur die Gardinen sah und nur diesen predigen konnte. Beide Möglichkeiten sind wahrscheinlich Grundlagen zur Entstehung des Sprichwortes.

Das ist die wohl meistgebrauchte Redewendung, um auszudrücken, dass jemand sehr gut lebt, ohne dafür arbeiten zu müssen. Wir verbinden damit hauptsächlich das gute Essen und das berühmte »laissez-faire« der Franzosen. Was hat das aber mit Gott zu tun? Wenn wir an Frankreich denken und an gutes Leben, dann wohl eher an Ludwig XIV., den Sonnenkönig. Er wurde ja gottgleich verehrt. Bezieht sich also das Sprichwort auf ihn? Dem ist nicht so. Vielmehr stammt es aus der turbulenten Revolutionszeit.

Unter den drei großen Schlagwörtern Gleichheit, Freiheit, Brüderlichkeit wurde nicht nur die ständische Gesellschaft abgeschafft. Das ganze Leben der Menschen wurde umgekrempelt. Sie mussten sich nicht nur an eine neue Regierungsform gewöhnen, sondern auch an eine neue Zeitrechnung. Die Monate wurden umbenannt, die Tage erhielten neue Bezeichnungen, die Woche währte jetzt 10 Tage, der Tag 20 Stunden, die Tagesheiligen mussten Bezeichnungen für Arbeitsgeräte, Tiere und Pflanzennamen weichen. Ein weiterer Höhepunkt der Entchristianisierung wurde am 23. November 1793 erreicht, als der Nationalkonvent alle Gotteshäuser von Paris der Kirche entzog und sie zu Tempeln der Vernunft umwidmete. Ein Jahr später führten die Jakobiner den Kult des höchsten Wesens ein, die endgültige Abschaffung Gottes.

Gott hatte also bei den Franzosen nichts mehr zu tun, war von jetzt auf gleich arbeitslos geworden. Nun konnte er es sich gut gehen lassen, faulenzen, nichtstun, einfach so in den Tag hineinleben, eben wie Gott in Frankreich. Von da an verbreitete sich das Sprichwort. In Italien kannte man bereits ein ähnliches Sprichwort: »Sta come un Papa in Roma«, also »leben wie ein Papst in Rom«. Solche Redewendungen können allerdings täuschen. Wie viel Gott in Frankreich tatsächlich zu tun hat, können wir natürlich nicht nachprüfen; dass der Papst in Rom aber eine ganze Menge zu tun hat, steht fest.

» DIE GRAUE EMINENZ «

Eine graue Eminenz ist eine Person, die nicht im Vordergrund steht, sondern im Hintergrund die Fäden zieht. Viel gebraucht wird diese Bezeichnung in der Politik, wo sie auch ihren Ursprung hat. Meist kennt man diese graue Eminenz nicht, und sie will auch gar nicht gern erkannt werden. Das »grau« hat aber nichts mit den Sichtverhältnissen zu tun. Eigentlich müsste es eher rote Eminenz heißen.

Vielen bekannt sind die Musketier-Romane von Alexandre Dumas und der darin vorkommende böse Gegenspieler dieser Musketiere. Jener Kardinal Richelieu führte von 1624 bis 1642 als Erster Minister Ludwigs XIII. maßgeblich die Staatsgeschäfte. Aufgrund seines Habits – als Kardinal trug er bei besonderen Anlässen einen roten Talar – nannten ihn die Zeitgenossen die »rote Eminenz«.

Sein Beichtvater Père Joseph, ein Kapuzinermönch, trug ein graues Gewand. Da er wiederum großen Einfluss auf Richelieu hatte, wurde er in der späteren Geschichtsschreibung als »graue Eminenz« bezeichnet. Der Pater selbst wurde zeitlebens nicht so genannt. Der Nachfolger Richelieus, Kardinal

Mazarin, der ab 1642 erst Erzieher und später ebenfalls Minister war, wurde in Anlehnung an seinen
großen Vorgänger »graue Eminenz« genannt. Daher
stammt die Bezeichnung, die noch heute gebraucht
wird.

» SICH DIE ZUNGE ABBEISSEN «

Ab und an verwenden wir diese Redewendung noch heute, wenn wir ein Geheimnis einem Dritten gegenüber selbst bei persönlichem Nachteil nicht preisgeben wollen. Kaum jemand meint das aber wörtlich. Laut Legende geht der Ausspruch auf den heiligen Johannes von Nepomuk (1350-1393) zurück. Der Heilige soll König Wenzel IV. geantwortet haben, dass er sich lieber die Zunge abbeißen würde, als das Geheimnis der Beichte zu brechen. Der König wollte nämlich wissen, was seine Frau ihm als Beichtvater erzählt habe. Nach seiner Weigerung wurde er auf Befehl Wenzels verhaftet, gefoltert und letztendlich von der Prager Karlsbrücke in die Moldau geworfen, in der er ertrank.

Die Legende greift auf eine der vielen im Mittelalter und darüber hinaus gebräuchlichen Strafen zurück. Die Zunge abzuschneiden war eine der sogenannten Spiegelstrafen. Das heißt, die Strafe sollte das Verbrechen anderen Personen gegenüber kenntlich machen. Diese Spiegelstrafen sind schon in der ältesten Gesetzessammlung (ca. 1800 v. Chr.) auf der Stele des babylonischen Königs Hammurabi enthalten. Sie erinnern an den alttestamentlichen Spruch »Auge um Auge und Zahn um Zahn«. So ähnlich ist das auch hier gemeint. Die Strafe wurde gegenüber Meineidigen, Gotteslästerern, Verleumdern, Falschanklägern und bei Schmähungen der Obrigkeit verhängt. Da sie ihr Verbrechen verbal, also mit der Zunge begangen hatten, mussten sie diese einbüßen. Eine abgemilderte Form des Spruches ist »sich auf die Zunge beißen« oder »sich einen Knoten in die Zunge machen«. Das Ergebnis ist dasselbe: Das Geheimnis wird gewahrt.

» DREI KREUZE MACHEN «

Haben wir eine schwere Prüfung, einen Besuch beim Zahnarzt oder eine andere uns unangenehme, aber nicht zu vermeidende Sache vor uns, dann sagen wir schnell einmal: »Ich mache drei Kreuze, wenn ich das hinter mir habe.« Weshalb aber drei Kreuze und nicht fünf oder sieben? Gemeint ist, dass man nach erfolgreicher Handlung ein kurzes Gebet spricht. Der Satz ist also eigentlich ein Gelöbnis. Man wird, wenn man etwas überstanden hat, ein Dankgebet sprechen und sich dabei drei Mal bekreuzigen. Man könnte also auch sagen: »Wenn ich die Prüfung bestehe, dann stifte ich zwei Kerzen.«
Die Dreizahl deutet auf die Trinität Gottes hin: Vater, Sohn (Jesus Christus) und Heiliger Geist. Die Drei gehört zu den sogenannten Heiligen Zahlen. So sind besonders die erwähnte Drei (heilige drei Könige, am dritten Tag stand Jesus von den Toten auf), die Vier (die vier Ströme des Paradieses, die vier Evangelisten / Erzengel, die vier apokalyptischen Reiter), die Sieben (sieben Tugenden, sieben Laster, sieben Tage der Schöpfung) und die Zwölf (als Kombination von drei und vier, die zwölf Apostel, die zwölf Stämme Israels, die Dauer des Weihnachtsfestes beträgt 12

Tage) zu nennen. Diese Zahlenmystik schlug sich auch in der Architektur mittelalterlicher Kirchen in Form von Maßverhältnissen und der Musik (Harmonielehre) nieder. Zahlen sind in allen Religionen von großer Bedeutung. Als profane Variante kennt jeder den Satz »Aller guten Dinge sind drei«. Auch hier liegt die Erinnerung an die Trinität zugrunde.

» ALS ADAM GRUB UND EVA SPANN,
WO WAR DA DER EDELMANN? «

Heute hat der Satz seine Aktualität verloren, doch vor 500 Jahren war er sehr revolutionär. Im deutschen Bauernkrieg von 1525 war er ein Leitmotiv. Die aufständischen Bauern erinnerten mit dem Satz daran, dass in der Bibel nirgendwo die Rede von einer hierarchischen, gottgesetzten Ordnung unter den Menschen ist. Ihrer Meinung nach sollten alle Menschen den gleichen sozialen Status haben.

Der Satz selbst ist etwa 150 Jahre älter und stammt von John Ball (1335-1381). Dieser englische Priester folgte den Ansichten John Wyclifs, eines frühen Reformers. Dieser trat unter anderem offen gegen die Bilder- und Heiligenverehrung auf, lehnte den Priesterzölibat ab und verwarf die Vorstellung der Wandlung von Brot und Wein während der heiligen Messe. Diese Lehren wurden bereitwillig im Volk aufgenommen und hatten auch Einfluss auf den englischen Bauernaufstand von 1381. John Ball war zusammen mit Wat Tyler einer der Hauptakteure dieses Aufstandes. Er selbst durfte keine Kanzelpredigten mehr halten und zog als Wanderprediger durch England. Bereits 1366 wurde er vom Erzbischof von

Canterbury exkommuniziert, und seinen Zuhörern drohte die gleiche Strafe. Nach wiederholten Verhaftungen wurde er 1381 von den Bauern aus seinem Gefängnis befreit. Er schloss sich ihnen an und soll am Sturm auf den Tower von London, bei dem der Erzbischof ermordet wurde, beteiligt gewesen sein. Nach der Niederschlagung des Aufstandes wurde er im Beisein König Richards II. grausam hingerichtet. Sein Satz fand als Leitspruch Eingang in die Rhetorik des deutschen Bauernkriegs und das zugehörige Liedgut (»Des Geyers schwarzer Haufen«).

» AM BETTELSTAB GEHEN «

Gerade in Zeiten, in denen wir überall in Europa die Finanzkrisen vor Augen haben, ist diese Redewendung wieder in aller Munde. Heute muss niemand mehr wortwörtlich an einem Bettelstab gehen, selbst wenn man als arm gilt. Seit den frühesten Zeiten war ein Stock Begleiter der Wandernden und Reisenden, aber auch der Hirten. Der Stab war Stütze und Waffe zugleich. Da es im Mittelalter nur dem Adel gestattet war, ein Schwert zu tragen, mussten sich alle anderen mit dem einfachen Stock begnügen. Der Reisende nutzte ihn beim Überqueren von kleinen Bächen, wo es oft keine Brücken gab, als Sprungstab, als Unterstützung beim Gehen und natürlich auch zur Verteidigung gegen Räuber und wilde Tiere. Immerhin gab es damals noch Wölfe und Bären in den dichten Wäldern.

Die Person, welche am Bettelstab ging, geriet meist unverschuldet in diese Notlage und konnte sich auf die Almosengabe durch andere Christenmenschen verlassen. Immerhin ist Mildtätigkeit eine der christlichen Tugenden. Betteln war auch nichts Ehrenrühriges, sofern man nicht in der Lage war, seinen Lebensunterhalt selbst zu verdienen.

Erst die Reformation verpönte die Bettelei. »Wer nicht arbeitet, soll auch nicht essen«, war ein beliebter Spruch der Zeit, der auch ungeachtet körperlicher Gebrechen galt. Im Zuge der Organisation und Strukturierung der evangelischen Kirche und Länder wurden Armen- und Arbeitshäuser eingerichtet, das erste 1555 in London. Durch die Auflösung der Klöster war Raum entstanden, um die Häuser einzurichten. In diese wurden die Bettler und andere Menschen vom Rand der Gesellschaft gesperrt. Dort mussten sie dann unter meist menschenunwürdigen Bedingungen arbeiten und avancierten zu Konkurrenten von ortsansässigen Handwerkern. Diese Häuser waren Vorboten der Fabriken des 19. Jahrhunderts.

» EIN BÜSSERHEMD TRAGEN «

Gelegentlich verwenden wir den Satz heute noch. Dann wollen wir zum Ausdruck bringen, dass jemand sich für eine Sache ständig zu entschuldigen hat, er also im Büßergewand daherkommt. Diese Person trägt natürlich kein spezielles Gewand mehr. In alten Zeiten war das aber der Fall; da gehörte ein spezielles Kleidungsstück zur Buße. Das konnte eine sich selbst oder auch durch einen Kleriker auferlegte Angelegenheit sein. Das Gewand war im Gegensatz zur alltäglichen Kleidung nicht gerade angenehm zu tragen. Es war zumeist aus Tierhaaren gewebt wie zum Beispiel Ziegen- oder auch Rosshaar, was auf der Haut ordentlich kratzte.

Schon von jeher trugen vor allem Mönche unter der normalen Kutte ein solches Büßerhemd, das nach der eigentlichen Herkunft aus Kilikien (Anatolien) »Cilicium« genannt wird. Aber auch einfache Gläubige trugen ein solches Hemd. Neben dem Büßerhemd gab es auch den Bußgürtel, der unauffällig unter der Kleidung getragen werden konnte. Dieser war eigentlich eine Kette, die mit Dornen und Haken versehen war. Getragen wurde sie aber nicht um die Taille, sondern um den Schenkel. Das verursachte besonders beim Sitzen Schmerzen. Mit dem Tragen solcher Bußwerkzeuge wollten die Gläubigen die Schmerzen Jesu Christi nachempfinden und dadurch Gott näher kommen.

Besonders im Mittelalter zogen ganze sogenannte Geißlerzüge unter dem Absingen von Liedern und Gebeten durch die Lande, um die Gläubigen an diese Leiden zu erinnern und Gott gnädig zu stimmen. Diese Züge traten hauptsächlich zu Zeiten von Epidemien und Hungersnöten auf. Die Geißler schlossen sich meist für einen vorher bestimmten Zeitraum zusammen, danach lösten sie sich wieder auf, und jeder ging seiner vorherigen Beschäftigung wieder nach. Im Umfeld dieser auch Flagellanten genannten Umzüge kam es auch häufiger zu Übergriffen auf Juden und andere Minderheiten. Büßerhemd und -gürtel waren aber eher eine private, nicht in die Öffentlichkeit getragene Bußleistung, denn der Sünder wollte ja nicht das Gebot der Demut verletzen.

» GOTT SEI'S GETROMMELT UND GEPFIFFEN «

Diese musikalisch gefärbte Redewendung nutzen wir besonders gern, wenn eine Sache für uns glücklich ausgegangen ist. Was hat das Ganze aber mit Musik zu tun? Der Satz ist eigentlich eine versteckte Lobpreisung und Danksagung Gottes. Beim Lobpreis Gottes beten wir ja nicht nur, sondern wir singen auch. Und Trommeln und Pfeifen beziehungsweise Flöten gehören zu den ältesten Instrumenten der Menschheit. Schon in der Bibel wird an vielen Stellen vermerkt, dass die Engel zur Lobpreisung Gottes singen und musizieren. Sie spielen eine »himmlische Musik«.

Vor allem die Musik des 17. und 18. Jahrhunderts hat wohl wie keine andere diesen Satz des »getrommelt und gepfiffen« umgesetzt. Man denke nur an das Weihnachtsoratorium von Johann Sebastian Bach mit seinem berühmten »Jauchzet, frohlocket« oder die nicht weniger bekannte »Eurovisions-Melodie«, eigentlich das Hauptthema des »Te deum« von Marc Antoine Charpentier (1643-1704). Da kommt die ganze Freude über die Geburt des Herrn und die Preisung Gottes zum Ausdruck.

Ist eine Angelegenheit aber schlecht gelaufen, dann sagen wir zum Beispiel auch: Er ist mit Pauken und Trompeten durchgefallen. Die Instrumente sind fast die gleichen. In diesem Satz beziehen sich die Pauken jedoch auf die Heerpauken des Militärs und die Trompeten sollen an die Trompeten von Jericho erinnern. Deren Klang brachte die Mauern der Stadt zum Einsturz. Beides keine angenehmen Erinnerungen für die Menschen aller Zeiten.

In beiden Redewendungen können wir sehen, dass Musik uns in glücklichen Momenten, aber auch in unglücklichen begleitet. Beide Male jedoch erinnert sie uns an die Verbindung mit Gott.

» SO WAHR MIR GOTT HELFE «

Fast jeder Bundespräsident, Bundeskanzler und Minister hat diesen Satz bei seiner Vereidigung gesprochen. Dieser Schwur oder auch Eid soll dem Aussprechenden Glaubwürdigkeit verleihen und ihm Hilfe geben bei seinen anstehenden Amtsgeschäften. Er ist eine Anrufung Gottes um Beistand, eine Art verkürztes Bittgebet. Besonders bei der Vereidigung von Personen, die zur Wahrheit oder Treue verpflichtet sind, wird eine ähnliche Schwurformel verwendet. So bei Zeugen vor Gericht, Soldaten, Dolmetschern und Übersetzern oder auch der Polizei. Die Verwendung von Schwüren ist in allen Kulturen verbreitet. Aus den »Erzählungen aus Tausendundeiner Nacht« ist der Schwur »beim Barte des Propheten« bekannt.

Die hohe Wertstellung eines solchen Schwures mit Anrufung Gottes als Zeugen und Beistand wird auch in der Bestrafung von Meineidigen sehr deutlich. So ist in der »Carolina«, der peinlichen Halsgerichtsordnung Kaiser Karls V. von 1532, festgelegt, dass man dem Betreffenden beide Schwurfinger abschlagen und er alle Ehren und Ämter verlieren

sole. Sofern jemand durch den Meineidigen eine Lei-
besstrafe erhielt, soll er die gleiche Strafe erdulden.
Wir kennen aber nicht nur die oben angeführte
Eidesformel. Vielen von uns ist sicher schon in der
einen oder anderen heiklen Situation, wenn wir eine
andere Person von unserer Unschuld überzeugen
wollten, der Satz über die Lippen gekommen: »Bei
Gott, ich schwöre dir, dass dies oder jenes wahr
ist« oder »Bei der Liebe Gottes, ich schwöre dir,
dass ...« Nicht immer muss der Eid oder Schwur so
hochoffiziellen Charakter haben wie zum Beispiel vor
Gericht. Gott sei Dank, denn dann müssen wir nicht
die strafrechtlichen Folgen bei eventuellen »Meinei-
den« fürchten.

» ETWAS AN DIE GROSSE
   GLOCKE HÄNGEN «

Will man etwas nicht an die große Glocke hängen, dann will man vermeiden, dass eine persönliche Angelegenheit oder ein Geheimnis an die Öffentlichkeit gelangt. Heute müsste man eher sagen, man soll es nicht ins Netz stellen oder »posten«. In früheren Zeiten, bevor es Internet, moderne Presse und Medien gab, musste man die Menschen zusammenrufen, wenn eine Nachricht eine große Anzahl von Menschen erreichen sollte. Entweder schickte man einen Ausrufer durch die Stadt, was in dringenden Fällen zu zeitaufwändig war, oder man läutete die Glocken der Kirche.

Der Klang schallte weit hinaus über die Stadtgrenzen in das Umland, und selbst innerhalb ihrer Häuser konnten die Menschen ihn vernehmen. Beim Läuten gab es eine Hierarchie, die Läuteordnung. Diese unterschied sich von Stadt zu Stadt. Je nach Glockenklang wussten die Bewohner, worum es sich handelte. Neben der Arme-Sünder-Glocke gab es die Feuerglocke, die zu Hilfe rief und vor der Brandgefahr warnte, die Marktglocke, die zum Schließen des Marktes rief, die Ratsherrenglocke für die Ratssitzungen und viele mehr.

Die großen Glocken einer Kirche waren für die wirklich wichtigen Nachrichten bestimmt. Zu Kriegszeiten wurden sie geläutet, wenn der Feind im Anmarsch war. Dann konnten die Stadttore geschlossen und die Stadtmauern zur Verteidigung besetzt werden. Das gesamte Geläut einer Kirche wurde eher selten gleichzeitig genutzt. Nach der Beendigung des Dreißigjährigen Krieges 1648 zum Beispiel wurden im ganzen deutschen Reich alle Glocken einer Kirche geläutet, so froh waren die Menschen über das Ereignis.

Nicht nur außergewöhnliche Ereignisse, auch der ganz gewöhnliche Tag unserer Ahnen wurde strukturiert durch das Läuten der Glocken. Viele Kirchturmuhren geben noch heute die viertel, halben und ganzen Stunden mit je einer anderen Glocke oder Sequenz an. Vor allem am Sonntag folgen die Gläubigen dem Klang. Für alle anderen Fälle haben wir ja jetzt Radio, Fernsehen und Internet.

» DEM VOLK AUFS MAUL GESCHAUT «

Politiker und Journalisten gleichermaßen verwenden dieses Zitat gern, wenn sie die angebliche Meinung der Bevölkerung wiedergeben wollen. So hat es Martin Luther, von dem die Formulierung stammt, aber gar nicht gemeint. Der große Reformator beschäftigte sich während seines nicht ganz freiwilligen Aufenthaltes auf der Wartburg 1521 mit der Übersetzung des Neuen Testamentes. Es gab schon mehrere Übersetzungen ins Deutsche, aber Luther wollte näher an die Wurzeln. Er nahm nicht eine lateinische Bibel als Grundlage, sondern die ältere griechische. Damit wollte er Fehler, die bei der Übersetzung aus dem Griechischen ins Lateinische gemacht wurden, vermeiden. In nur elf Wochen gelang ihm das Meisterstück. Nach einigen Bearbeitungen durch Melanchthon und andere Spezialisten ging die erste Ausgabe 1522 in Druck und fand reißenden Absatz. Bis 1534 erschien dann die Gesamtausgabe der Bibelneuübersetzung.

Nicht zuletzt die Sprache, die Luther benutzte, um das Wort Gottes zu verbreiten, trug zum Erfolg bei. Denn mit »dem Volk aufs Maul geschaut« meinte Luther eine zeitlich passende Übertragung des griechischen Originals in die damalige deutsche Gegenwartssprache. Wenn wir heute einen frühen Lutherbibeldruck lesen, dann verstehen wir auch nicht mehr alles. Genauso ergeht es uns, wenn wir zum Beispiel Briefe und Urkunden aus dem 17. Jahrhundert vor Augen haben. Sprache ist nicht statisch. Sprache lebt und verändert sich, erneuert sich, passt sich an. Da gehen im Laufe der Zeit Worte verloren. Wissen Sie noch, was ein Göth ist? – Ein Taufpate. Andere Worte verändern die Bedeutung, so wie »blöd«. Ursprünglich stammt es aus dem Mittelhochdeutschen und bedeutete so viel wie »zerbrechlich«. Inzwischen meint es »dumm«. Diese Lebendigkeit der Sprache hat Luther erkannt und genutzt. Lesen Sie mal wieder seine Tischreden, die vor prallem Leben strotzen und dennoch von Luther auch zur Erbauung gedacht waren.

» ETWAS FÜRCHTEN WIE DER TEUFEL DAS WEIHWASSER «

So manch einer hat Angst vor Spinnen, Schlangen oder vor einem Zahnarztbesuch. Ist die Angst sehr groß, dann fürchten wir uns vor etwas so sehr wie der Teufel vorm Weihwasser. Nun ist Wasser an sich ja nichts, wovor man Angst haben müsste. Wir waschen uns täglich damit, kochen oder trinken normales Wasser. Aber Weihwasser ist eben kein normales Wasser. Es erinnert uns einerseits an die Taufe Jesu im Flusse Jordan, andererseits auch an unsere eigene Taufe. Die meisten haben sie nicht bewusst erlebt, da sie noch Kleinkinder waren. Aber bei jedem Besuch in einer katholischen Kirche tauchen Gläubige ihre Finger in das Weihwasserbecken und bekreuzigen sich damit, erneuern ihre Taufe also.

Das Weihwasser gehört wie die Hostie zu den Sakramentalien. Es wird in der Osternacht durch Segnung des Priesters geheiligt. Früher wurde dem Wasser Salz und Chrisam beigesetzt, um die Heilkraft zu erhöhen. Heute wird hauptsächlich einfaches Wasser verwendet. Wasser spielt in allen Religionen eine wichtige Rolle. Wir kennen die rituellen Waschungen der Hindus im heiligen Fluss Ganges, die Waschungen der Moslems vor jedem Betreten der Moschee oder auch die Mikwe der Juden.

Besondere Wirkung wird dem Oster- und Dreikönigswasser nachgesagt. In seiner heiligen Form, als Sakramentalie, hat es große Kraft und schützt gegen alles Böse, also auch gegen den Teufel. Dieser weiß um seine Ohnmacht gegenüber dem Weihwasser. Daher dessen Furcht, seine Macht zu verlieren. Jeder Christ kann geweihtes Wasser mit nach Hause nehmen oder in kleine Fläschchen gefüllt bei sich tragen. Eine ähnliche Wirkung haben dem Volksglauben zufolge auch das Kruzifix und die Bibel auf den Teufel.

» AUF DEN INDEX KOMMEN «

Wenn heute Bücher oder Musiktitel auf den Index kommen, dann ist, zumindest in Deutschland, die Bundesprüfstelle für jugendgefährdende Medien zu dem Ergebnis gekommen, dass diese Artikel nicht in Hände von Kindern und Jugendlichen gehören. Im Gegensatz zur Prüfstelle gibt es das namensgebende Verzeichnis, den Index Librorum Prohibitorum, seit 1966 nicht mehr.

Für rechtgläubige Christen verbotene Werke gab es seit der Frühzeit der Kirche. Bereits auf dem 1. Konzil zu Nicäa wurden infolge des Verbotes der Lehren des Arius auch dessen Schriften verfemt. Später betraf es die Schriften von Origenes oder die der Sekte der Manichäer. Viele andere folgten. So wurden die Schriften Luthers 1520 verboten. Durch die Erfindung des Buchdrucks konnten sich die Ideen der Reformation rasch und preiswert verbreiten lassen. Ganz besonders beliebt als Propagandamittel auf beiden Seiten waren die Flugschriften.

Um einen Überblick und eine Handhabe über diesen rasant anwachsenden Büchermarkt zu behalten, wurde 1542 die Congregatio Romanae et universalis Inquisitionis, die römische Inquisition, gegründet.

Diese zentrale Instanz überwachte und indizierte von da an den Buchmarkt. Das Prozedere der Indizierung war sehr kompliziert.

Der Index, also das Verzeichnis selbst, war in drei Klassen eingeteilt: 1. die Namen häretischer Schriftsteller, 2. häretische Werke und 3. anonyme Werke. Daneben gab es noch den Index librorum purgandorum, das Verzeichnis von zu säubernden Schriften, also weniger gefährlichen Schriften, in denen einige Stellen gestrichen werden mussten. Auf dem »Index« standen an erster Stelle Schriftsteller und Philosophen wie Heinrich Heine, Vater und Sohn Dumas, Denis Diderot mit seiner aufklärerischen Encyclopédie oder auch Immanuel Kant mit der »Kritik der reinen Vernunft«. Als einer der letzten Dichter wurde Jean-Paul Sartre »auf den Index gesetzt«.

» KLAR WIE KLOSSBRÜHE «

Woher diese Redewendung stammt, ist ja »klar wie Kloßbrühe«, könnte man sagen: von der Zubereitungsart der beliebten Beilage, dem Kochen der Klöße im Wasser. Die dabei entstehende Brühe ist allerdings eher trüb. Benutzen wir den Ausdruck, so ist das Ironie. Man sagt das Gegenteil von dem, was man meint.

Das ist aber nur eine Erklärung für die Entstehung. Eine andere führt uns in die Klosterküche. Dort wurde während der Fastenzeit eine Suppe gekocht, die nur sehr wenige Inhaltsstoffe hatte, also wirklich klar war. Im übertragenen Sinne bedeutet es, dass der wahre Grund einer Sache leicht zu erkennen ist. Wenn aus dem »Kloster« ein »Kloß« geworden ist, liegt es an der Ökonomie der Sprache und nicht an einem überraschenden Wohlstandszuwachs in der Speisekammer. Wir versuchen immer zu verkürzen, die Sprache für uns passender, angenehmer zu machen. »Kloßbrühe« spricht sich einfacher und schneller als »Klosterbrühe«. Aus der Sprachentwicklung kennen wir ähnliche Vorgänge, wie zum Beispiel die Assimilation. Da wurde unter anderem aus einem -mb ein -mm: tu*mb*e (mittelhochdeutsch für unverständlich) zu du*mm,* und aus einem -nt ein -nd: hi*nd*en (mittelhochdeutsch) zu hi*nt*en. Vor allem bei Städtenamen ist diese Verkürzung noch sehr gut nachvollziehbar. So geht der Name der Stadt Essen auf ein altes Astnide (874), was den Ort eines Dörrofens bezeichnete, zurück, und der alte Ortsname Travendrebach (1144) wurde zu Trarbach verkürzt.

Die gesprochene Sprache ist immer schneller, wenn es um die Einführung von Neuerungen geht. Auf Neudeutsch würde man sagen, sie ist der Trendsetter. Die Schriftsprache folgt in der Regel viel später und setzt die Änderungen erst nach einigem Zaudern und Sträuben um. Beobachten Sie sich selbst einmal beim Sprechen. Keiner von uns sagt heute noch »Automobil« oder gar »Kraftwagen«.

» BLAUER MONTAG « / » BLAU MACHEN «

Besonders gern nach Feiertagen tritt das Phänomen des »blau machens« auf. Dann nehmen sich einige Personen frei. Als Entschuldigung muss dann meist eine sehr fadenscheinige Begründung herhalten. Doch was hat die Farbe Blau damit zu tun? Malten sich früher die Menschen an diesem Tag blau an oder waren sie den ganzen Tag betrunken? Mit Farbe hat es schon zu tun.

Seit dem Mittelalter ist es üblich, an den Montagen in der Fastenzeit die Kirche bzw. den Altar mit einem blauen oder violetten Tuch zu schmücken. Diese Montage wurden »Gute Montage« oder auch »Blaue Montage« genannt. An diesen Fastenmontagen wurde nicht gearbeitet, und dies wurde dann allmählich auf alle Montage des Jahres ausgedehnt. So musste schon Herzog Georg der Bärtige von Sachsen 1520 befehlen, dass »kein Handwerker guten Montag halten, ihm auch in der Woche kein Feiertag verlohnt werden sollte«. Knapp zehn Jahre später musste er den Befehl erneuern. Aber auch das nützte nichts. In Augsburg führte das Verbot des Blauen Montags 1726 zu einem Aufstand der Schuhmacher, der sich auch auf andere Städte ausweitete. Doch selbst ein Reichsgesetz konnte dem Festhalten an dieser Tradition keinen Einhalt gebieten. Bis heute haben einige öffentliche Einrichtungen und auch Geschäfte am Montag geschlossen.

Eine andere Erklärung für die Redensart bietet auch die Färberei. So wurde unter der Woche von den hellen zu den dunklen Farben gefärbt. Am Montag hing dann noch die blaue Wäsche zum Trocknen auf der Leine, man machte also im wahrsten Sinne des Wortes blau.

Aber auch die Gaunersprache, das Rotwelsch, bietet eine Erklärung. Sie kennen sicherlich auch den Ausdruck »für lau«. Dieses »lau« kam aus dem Jiddischen ins Rotwelsch und bedeutet »umsonst«. In einer verstärkenden Weise sagten die Gauner auch »welau«, welches sich zu »blau« entwickelte und »überhaupt nicht« bedeutete. Die Redewendung kann also auf mehrere Ursprünge zurückgeführt werden. Für welche davon Sie sich entscheiden, bleibt Ihnen überlassen.

» DA BEISST DIE MAUS
KEINEN FADEN AB «

Wir benutzen diese Redewendung, wenn etwas Unabänderliches getan werden muss oder passiert, ohne dass wir darauf Einfluss haben. Dass dieser Ausspruch mit einer Heiligen zu tun hat, wissen wohl die wenigsten. Im Bauernkalender heißt es zum 17. März noch: »Gertraud führt die Kuh zum Kraut.« An diesem Tag, dem Gedenktag der heiligen Gertrud von Nivelles, wurde der Spinnwirtel zur Seite gelegt und die Feldarbeit wieder aufgenommen.

Die heilige Gertrud (626-659) war die Tochter des fränkischen Hausmeiers Pippins des Älteren. Bereits mit 14 Jahren nahm sie den Schleier. Nach dem Tod ihrer Mutter übernahm sie die Führung des Klosters Nivelles. In Karlburg (Unterfranken) gründete sie eines der ersten Klöster, welches sich besonders um Kranke und Pilger kümmerte. Gertrud sorgte sich schon frühzeitig um die Bildung von Mädchen und pflegte selbst Bedürftige. Daher wird sie noch heute als Patronin von Krankenhäusern und Spitälern verehrt.

Laut einer Legende soll sie während einer Mäuseplage durch Gebet die Gegend von den Nagetieren befreit haben. So gab es Gertraudenwasser und Gertraudenzettel. Beides wurde bei Bedarf in Mäuselöcher gesteckt, um diese loszuwerden. Auf Bildern wird sie daher auch mit Mäusen und Katzen dargestellt.

Ein anderer Ursprung des Sprichwortes kann auf eine Versicherung der Schneider zurückgeführt werden. Diese wollten ihren Kunden damit zusichern, dass ihre Tuche keine Löcher durch Mäusefraß hatten.

Ab und an bekommen Politiker die »Gretchenfrage« gestellt. Sie sollen sich dann kurz und einfach verständlich zu einer Sache äußern. In der Regel gelingt es ihnen nicht. Das Problem der unverständlichen, zaudernden Antworten auf eine Frage gibt es schon so lange, wie es Menschen gibt. Die »Gretchenfrage« selbst ist noch nicht so alt.

Zugrunde liegt Johann Wolfgang Goethes Drama »Faust«. Im ersten Teil stellt eben jene Grete ihrem Geliebten Heinrich Faust im Garten eine wichtige Frage. Sie möchte Gewissheit über dessen Gesinnung haben, bevor sie sich weiter mit ihm einlässt: »Nun sag, wie hast du's mit der Religion? Du bist ein herzlich guter Mann, allein ich glaub, du hältst nicht viel davon.«

Der von Zweifeln und Fragen geplagte Faust antwortet, auf seine gelehrte Art, sehr kompliziert mit Gegenfragen. Seine Antwort ist somit für Margarete nicht nachvollziehbar, schon gar nicht verständlich. Sie wollte eigentlich nur wissen, ob er an Gott glaube. Aufgrund dieser umständlich-unverständlichen Antwort kommt sie zu dem Schluss, dass er, Faust, keinen Glauben habe.

Goethe wollte mit dieser Szene auf zeitgenössische Entwicklungen hinweisen. Man denke an die Aufklärung, die den vernunftbegabten Menschen und sein Handeln in den Mittelpunkt stellt. Er hinterfragt alles, vor allem die bestehende Religion und ihre Gültigkeit. Diese also eigentlich auf den Glauben eines Menschen abzielende Frage verselbständigte sich im Laufe der Zeit. So stellt sich uns nun oft schon beim Kauf eines Autos oder Telefons die »Gretchenfrage«. Wer bei solchen praktischen Fragen des Alltags eine klare Meinung hat und nicht wie Faust um den heißen Brei redet, hat es natürlich leichter.

» VOM TEUFEL GERITTEN « /
» WÜRMER AUS DER NASE ZIEHEN «

Bezeichnen wir jemanden als »vom Teufel geritten«, dann ist der Betreffende gleichzeitig »von allen guten Geistern verlassen«. Er tut Dinge, von denen er weiß, dass sie kein gutes Ende nehmen werden. Beide Redewendungen haben mit mittelalterlichen Vorstellungen von dämonischen Wesen zu tun. Die Menschen des Mittelalters gingen davon aus, dass es sogenannte »Einfahr-Teufel« und »Aufhock-Geister« gab. Erstere traten in die Opfer ein. Die Besessenen erkrankten daraufhin, bekamen Fieber, Ausschlag oder andere Krankheiten. Dann konnte nur ein Exorzismus helfen. Schon in der Bibel wird von solchen Fällen berichtet. So in Matthäus 4,23-25 oder Markus 1,29-39.

Auch die Redewendung »Jemandem die Würmer aus der Nase ziehen« geht auf eine solche Form der Besessenheit zurück. In diesem Falle bescherte der Dämon Gehirnwürmer, die man durch Mittel, Pulver und Gebete durch die Nase wieder entfernen konnte. »Vom Teufel geritten« bezieht sich aber auf die »Aufhock-Geister«. Die Aufhocker setzten sich auf den Nacken der Leute und flüsterten ihnen schlechten Rat in die Ohren. Davon berichten uns viele

Sagen und Legenden. Diese Geister befielen des Nachts Wanderer an bestimmten Örtlichkeiten, wie einem Brunnen, einer alten Mordstätte oder dem Kirchhof. Zuerst erschien der Dämon als Person, die ihn begleitete. Plötzlich sprang er dann auf den Nacken des Opfers. Der Reisende fühlte auf einmal einen Druck, konnte sich nicht mehr umdrehen. Je weiter er ging, desto schwerer wurde der Geist. Erst wenn zum Beispiel eine Kirchenglocke ertönte, ein Gebet gesprochen oder eine bestimmte Stelle, wie etwa ein Kreuzweg oder eine Dachtraufe erreicht wurde, verschwand der Geist wieder. Durch die genaue Benennung der Örtlichkeit konnte ein Reisender diese und somit auch den Dämon umgehen, von dem er sonst womöglich geritten worden wäre. Die Menschen übernahmen diese Vorstellungen von Besessenheit in die Redewendung. In Hildesheim wurde einer solchen Sage eines Aufhock-Kobolds gar ein Denkmal gesetzt.

» WEDER FISCH NOCH FLEISCH «

Kann sich jemand nicht für eine Sache entscheiden, dann ist er weder Fisch noch Fleisch. Der Satz bezieht sich auf die Essgebote zur Fastenzeit. Seit dem Mittelalter war es üblich, innerhalb dieser Zeit auf Fleisch, Eier, Milch, Milchprodukte und natürlich Alkohol zu verzichten. Fisch konnte ohne Einschränkungen genossen werden.

Da der Speiseplan durch diese Gebote äußerst karg war, suchten die Menschen ihn auf eigene Weise zu erweitern. Sie mogelten einfach. So wurde in den Klöstern spezielles Fastenbier, ein gehaltvolleres Bockbier, gebraut. In der schwäbischen Küche ist das »Herrgottsbescheißerli« bekannt. Das sind mit Fleisch gefüllte Maultaschen. Der liebe Gott, und man selbst auch, sah ja nur den Teig, das Fasten wurde also nicht gebrochen. In dieselbe Kategorie fallen auch Pasteten mit den verschiedensten Füllungen.

Unser Sprichwort bezieht sich jedoch auf eine andere Nahrungsquelle. Besonders im Südwesten Deutschlands sind es noch heute beliebte Speisetiere: die Schnecken. Diese sind weder Fisch noch Fleisch, bieten aber einen hohen Gehalt an Eiweiß und kamen häufig vor. Auch in Spanien, Frankreich und Italien sind Rezepte mit Schnecken weit verbreitet. Heute stehen die Weinbergschnecken, die dafür sogar in extra Schneckengärten der Klöster gezüchtet wurden, unter Naturschutz. Ebenso wie Schnecken wurden auch Krebse und andere Weichtiere des Meeres zu den Fischen gezählt.

Seit den 1960er Jahren ist das Fastengebot an den Freitagen ohne Hochfest für Katholiken nicht mehr zwingend vorgeschrieben. Luther sah das Fasten als nicht notwendig an, da es in der Bibel nicht vorgeschrieben war. Außerdem hielten sich die meisten Gläubigen nicht daran, da sie, wie oben beschrieben, kleine Umwege erfanden. Seit dem 20. Jahrhundert ist das Fasten auch in der evangelischen Kirche wieder modern.

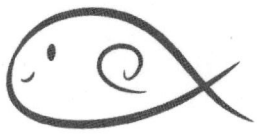

» SÜSSES SONST SAURES «

Den Zusatz »sonst gibt's Saures« haben wir als Kinder wohl öfter von gleichaltrigen Kindern vernommen. Dann hatte man keine Wahl, entweder musste man zustimmen, eine Sache zu tun, sonst gab es »Saures« in Form von Schlägen oder anderen Drangsalierungen. Dieser Zusatz ist nur die Verkürzung aus dem Halloween-Spruch, den wir hier in Europa verstärkt seit den 1990er Jahren hören. Am 31. Oktober ziehen verkleidete Kinder von Haus zu Haus und verlangen mit dem Spruch »Süßes oder Saures« nach Süßigkeiten oder anderen Leckereien. Entgegen vielen Vorbehalten folgt dieser Umzug einer alten christlichen Tradition aus Irland. Im Jahre 609 wurde in Rom das alte Pantheon, der antike Tempel für alle Götter, neu geweiht zu einer Kirche für sämtliche christliche Märtyrer. Gut 200 Jahre später, 835, führte Ludwig der Fromme das Fest Allerheiligen in seinem Reich ein. Ursprünglich wurde dieses Fest am 13. Mai gefeiert, von Papst Gregor IV. jedoch auf den 1. November verlegt. An Allerseelen, dem 2. November, sollte der Toten und deren Leiden im Fegefeuer gedacht werden. Zur Linderung ihrer Leiden wurden Gebete und gute Taten verrichtet, zu denen unter anderem die Gaben an bettelnde Kinder zählten. Nachdem nun Allerheiligen in die Nähe des ähnlichen Festes Allerseelen gerückt worden war, verschob sich der Brauch des Bettelns auf den Abend vor dem 1. November. Der Name Halloween geht auf All Hallows Eve zurück, also Allerseelen Abend, ähnlich unserem Heiligen Abend. Seit Mitte des 19. Jahrhunderts feierten irische Einwanderer dieses Fest in ihrer neuen Heimat Amerika. Dort wurde es begeistert aufgenommen und avancierte zu einem der beliebtesten Feste der Amerikaner, auch wenn sie keine Katholiken waren. Seien Sie also gnädig, sehen Sie über die Vermarktung auch dieses religiösen Festes hinweg, denken Sie an den Kern des Umzuges und geben Sie den Kindern etwas Süßes. Eine arme Seele wird es Ihnen dereinst danken.

» KEIN PROBLEM WIRD GELÖST, WENN WIR TRÄGE DARAUF WARTEN, DASS GOTT SICH DARUM KÜMMERT «

Von dem amerikanischen Pfarrer und Bürgerrechtler Martin Luther King ist das Zitat »I have a dream« wohl am bekanntesten. Er hat im Laufe seines Lebens und seiner Berufung aber noch viele andere Redensarten hinterlassen, unter anderem die oben genannte. Im Kern ist diese Aussage eine Variante des augustinischen Ora et labora. Wir sollen auf Gott vertrauen, dabei aber nicht passiv werden. Wir sollen uns selbst einbringen, die Dinge selber in die Hände nehmen. Ohne unserer eigenen Hände Arbeit wird uns auch Gott nicht beistehen. Gott ist niemand, der alles für uns richten wird, während wir nur darauf warten, dass sich alles für uns fügt. Wir alle kennen das Sprichwort »Sich regen bringt Segen«. Auch dies ist in Kings Ausspruch enthalten. In seinem eigenen Leben folgte King selbst diesem Satz. Er nahm es in die Hand, seine Lebenssituation und die anderer Unterdrückter zu verbessern. Dass es nicht leicht werden würde, war ihm klar. Aber es musste begonnen werden, damit andere folgen. Man darf nicht schon vor dem Versuch, das Problem zu lösen, aufgeben. Es muss angepackt werden, dann wird auch Gott helfend zur Seite stehen. Schon sein Namenspatron, der deutsche Reformator Martin Luther, hatte dies verinnerlicht. Er wollte die Kirche ändern, sie reformieren. Sie seinem Verständnis nach wieder näher zu Gott führen. King träumte davon, dass alle Menschen einst gleichberechtigt miteinander leben werden. Er selbst sollte diese Zeit nicht mehr erleben. Er wurde am 4. April 1968 in Memphis/Tennessee erschossen.

» ALLE JAHRE WIEDER «

Diesen Satz hören wir besonders in der Vorweih-
nachtszeit häufig. Meistens sind wir dann schon
genervt von dem ganzen Trubel und Stress um das
eigentlich besinnliche Fest. Aber auch zu anderen wiederkehrenden Festen und Gelegenheiten, die
geprägt sind von Stress und Hektik, benutzen wir
den Satz gern. Gedacht war es von dem Thüringer
Pfarrer und Dichter Wilhelm Hey anders. Die Feier der
Geburt des Herrn sollte uns jedes Jahr wiederkehrend
Freude bringen. Das Leben Heys war geprägt von der
caritativen Sorge. So gründete er in Gotha, wo er
seit 1827 Hofprediger war, eine Hilfskasse für arme
Handwerker, eine Fortbildungsschule für Lehrlinge
und ein Kinderheim. Neben diesen und vielen anderen sozialen Bemühungen übersetzte er Texte aus
dem Englischen, gab seine Predigten heraus, ver-
fasste Gedichte und Fabeln für Kinder. Neben dem
wohl bekanntesten Weihnachtslied aus seiner Feder
ist jedem auch das wunderschöne Gute-Nacht-Lied
»Weißt du, wie viel Sternlein stehen« bekannt. Hey
war ein Pfarrer, der die Sorge um seine Nächsten
nicht nur von der Kanzel herab predigte, sondern
selbst lebte.

Gern bezeichnen wir inhaltsloses Gerede, sinnloses Geschwätz als Wischiwaschi, Humbug oder eben Larifari. Die Wurzeln von letzterem liegen in der Musikausbildung. Um die Tonfolgen zu üben, erfand der Benediktinermönch Guido von Arezzo im 10. Jahrhundert die Silbenfolge. Im italienischen lauten die den d-Moll-Dreiklang bildenden Noten la, re und fa. Zusammengesungen und aneinandergereiht ergeben diese keinen Sinn, lassen sich aber gut singen und einprägen. Der deutsche Barockprediger Abraham a Sancta Clara gab dieser Lautfolge erst unsere heutige Bedeutung. Aufgrund seiner Sprachgewalt und Predigttätigkeit wurde er 1677 von Kaiser Leopold I. zum Hofprediger ernannt. Schon damals war Abraham a Sancta Clara für seine teilweise auch recht deftigen Vergleiche in den Predigten berühmt und gefürchtet. Die von ihm geprägte Bedeutung übernahm Franz Graf von Pocci und stattete eine Kasperfigur mit dem Namen Larifari aus, die in fast 40 Puppenspielen auftrat. Schon in der Mitte des 19. Jahrhunderts ist der Begriff für sinnloses Geschwätz in das Wörterbuch der deutschen Sprache der Brüder Grimm eingegangen.

» HEILIG´S BLECHLE «

Gerade auf den jährlich stattfindenden Autoshows können wir es bewundern, das »heilige Blechle«. Doch nicht nur beim Anblick eines schönen klassischen oder modernen, zumeist sehr teuren Automobiles fallen diese beiden Worte. Sie drücken Erstaunen und Verwunderung aus, nicht nur über die Möglichkeiten und Wunder der Technik. Aber mit der Kirche hat ein solches Auto ja gar nichts gemeinsam. Auch wurde noch nie ein Wagen heiliggesprochen. Wo also kommt dieser Spruch her?

Um Blech geht es schon. Und wer bei der Endung -le an Schwaben denkt, vermutet den Ursprung der Redewendung in der richtigen landschaftlichen Richtung. Nach Einführung der Reformation im Herzogtum Württemberg musste die Armenversorgung neu geregelt werden. So richtete man den Armen- oder auch Heiligen Kasten ein. Gefüllt wurde der Kasten durch Einkünfte aus Kollekten, kirchlichen Investitionen und auch Strafzahlungen. Bettelei wurde im gleichen Zuge aber verboten. Dem Heiligenpfleger oblag die Verwaltung des Kastens. Der Pfleger verteilte die Einnahmen an die ortsansässigen Armen.

Nach dem Dreißigjährigen Krieg im 17. Jahrhundert verschärfte sich die Situation der Armen. Die Einnahmen sanken, und die Anzahl der Bedürftigen stieg. Um dem Problem beizukommen, wurde die Bettelei wieder erlaubt. Heimische, ohne Eigenverschulden in Not gekommene Personen konnten Unterstützung aus dem Armenkasten erhalten. Als Ausweis dienten kleine Blechmarken, die der Heiligenpfleger verteilte. Diese Marken wurden »Heilige Blechle« genannt.

Ein anderer Ursprung können auch die Schwörbüchsen in schwäbischen Wirtshäusern gewesen sein. In diese musste man einzahlen, sobald man fluchte. Der Ertrag dieser Büchsen floss in den Heiligen Kasten, die Armenfürsorge ein. Diese Einzahlung geschah meist plötzlich und unvorbereitet und deshalb wahrscheinlich mit dem Ausruf »O heilig's Blechle«.

» AUS DER NOT EINE TUGEND MACHEN «

Ab und an geschieht es, dass wir aus der sprichwörtlichen Not eine Tugend machen müssen. Ein Ergebnis davon war beispielsweise der Einfallsreichtum der DDR-Bürger innerhalb der Mangelwirtschaft. Da wurde so manches Nützliche erfunden, so manche Ressource doppelt und dreifach verwendet. Wir benutzen den Spruch, wenn eine ungünstige Situation besteht und trotzdem noch etwas Gutes daraus gemacht werden kann.

Eigentlich lautet der Satz aber: »Mach aus dem Notwendigen etwas Tugendhaftes.« So schrieb ihn der Kirchenvater Sophronius Eusebius Hieronymus in einem Brief. Die heutige Bedeutung lag dem Schreiber also eigentlich nicht im Sinne. Vielmehr wollte er ausdrücken, dass Dinge, die getan werden müssen, mit Sorgfalt zu tun und zu einem moralisch einwandfreien, guten Ende zu bringen sind.

Hieronymus selbst mag es wohl auf seine eigene Arbeit, die Übersetzung der Bibel aus verschiedenen griechischen Vorlagen in ein damals modernes Latein, die sogenannte »Vulgata«, bezogen haben. Bis zu Luthers Neuübersetzung war die ab 393 erschienene Vulgata die maßgebende Bibelgrundlage. Als Richtschnur für das eigene Handeln hat das Zitat des heiligen Hieronymus in seiner ursprünglichen Bedeutung bis heute nicht ausgedient. Wer auch unangenehme Dinge wie etwa die Steuererklärung sorgfältig erledigt, spart sich jede Menge Ärger.

» DA BLEIBT KEIN AUGE TROCKEN «

Erleben wir eine so komische Situation, dass wir aus vollem Halse lachen müssen, und wollen einer anderen Person davon erzählen, dann sagen wir: »Da blieb kein Auge trocken.« Wir haben so viel gelacht, dass wir Tränen weinen mussten. Der Dichter Johannes Daniel Falk meinte es ironisch, als er 1799 in seinem Gedicht »Paul. Eine Handreichung« schrieb:

»In schwarzen Trauerflören wallt
beim Grabgeläut der Glocken,
zu unserm Kirchhof Jung und Alt.
Da bleibt kein Auge trocken.«

Falk machte sich lustig über diese pathetische Vorstellung und lachte wohl etwas dabei. In seinen Anfangsjahren war Falk berüchtigt für seine satirischen Gedichte. Darin spottete er über die noch herrschende Ständegesellschaft und deren Dünkel. Bekannter ist der Dichter aber durch seine christlichen Lieddichtungen, unter denen »Oh du fröhliche« die populärste sein dürfte. Dieses Lied dichtete er 1816 für das von ihm eingerichtete Waisenhaus in Weimar. In ihm werden alle drei Hochfeste des

Kirchenjahres besungen und jedes der Feste wird eingeleitet mit den Worten »Oh du fröhliche«. Durch die Folgen der napoleonischen Kriege zu Beginn des 19. Jahrhunderts bewogen, sorgte sich Falk mehr und mehr um die Opfer des Krieges, vor allem die Kinder. Er sorgte sich nicht nur um die physische Versorgung der Waisen, sondern mühte sich um die Ausbildung und christliche Erziehung dieser Kinder. Sein Vorbild wurde später in der »Inneren Mission« verwirklicht.

GOT WÜRFELT NICHT «

» GOT WÜRFELT NICHT «

Albert Einstein ist wohl am bekanntesten durch seine bahnbrechenden Leistungen auf dem Gebiet der Physik wie etwa die der Relativitätstheorie. Er war ebenso ein sehr fröhlicher Mensch. Auf dem wohl berühmtesten Foto von ihm streckt er dem Fotografen geradezu fröhlich frech die Zunge heraus.

1926 schrieb er an einen Physikerkollegen – es war entweder Max Born oder Niels Bohr – bezüglich der Diskussion um die Zufälligkeit der Quantenmechanik: »Die Theorie liefert viel, aber dem Geheimnis des Alten bringt sie uns doch nicht näher. Jedenfalls bin ich überzeugt davon, dass der nicht würfelt.« Einstein war überzeugt davon, dass in der Physik Gott nichts dem Zufall überlässt. In den folgenden Jahrzehnten wurde er allerdings widerlegt, die Quantenmechanik basiert auf der Zufälligkeit.

Einstein befand »Wissenschaft ohne Religion ist lahm, Religion ohne Wissenschaft ist blind«. Beides durchdringt einander. Der geniale Physiker glaubte an einen Gott, der an allem teilhat. Wir Menschen können nur bedingt dagegen aufbegehren und unseren freien Willen einsetzen. In Bezug auf

110

seine Entdeckungen, die den Bau der Atombombe ermöglichten, sagte er: »Wenn ich die Folgen geahnt hätte, wäre ich Uhrmacher geworden.« Die Frage, die auch heute immer wieder einmal gestellt wird, ob Vernunft und Glaube einander ausschließen, hat Albert Einstein also klar beantwortet: Gott würfelt nicht. Auch wenn wir mit den Mitteln der Vernunft und der Wissenschaft die Geheimnisse von Raum und Zeit entschlüsseln, so hat doch Gott erst dieses Universum mit seinen Rätseln geschaffen.

» LIEBE UND TUE, WAS DU WILLST «

Dieses Zitat ist ein weit verbreiteter Sinnspruch des heiligen Augustinus. Leider wird er immer wieder aus seinem Zusammenhang herausgerissen. Augustinus predigte zum Osterfest des Jahres 407. Aus dieser Predigt ist überliefert:

»Liebe und tue, was du willst!
Schweigst du, so schweige aus Liebe;
sprichst du, so sprich aus Liebe;
kritisierst du, so kritisiere aus Liebe;
tolerierst du, so toleriere aus Liebe:
die Wurzel der Liebe sei in deinem Innern!«

Liebe ist nicht als körperliche Liebe zu verstehen, auch nicht als Passion für eine Sache. Mit Liebe meint Augustinus Gott als allumfassende göttliche Wesenheit der Liebe. Wir sollen also an Gott glauben, auf ihn vertrauen und dann erst so handeln, dass es gut wird. Augustinus selbst gibt uns viele Beispiele für solch ein Handeln. In seiner Lebensbeichte, den »Bekenntnissen«, schildert er uns einige Stellen. Oftmals fehlt er in seinen Entscheidungen, seine Bekehrung findet erst spät und nach einigen Wirrnissen statt. Aber dann ist er umso überzeugter und leidenschaftlicher bei Gott, den er in seiner Osterpredigt als die Liebe beschreibt, die unser Leben lenken soll.

» GOTT GEBE MIR DIE GELASSENHEIT, DINGE HINZUNEHMEN, DIE ICH NICHT ÄNDERN KANN, DEN MUT, DINGE ZU ÄNDERN, DIE ICH ÄNDERN KANN, UND DIE WEISHEIT, DAS EINE VON DEM ANDEREN ZU UNTERSCHEIDEN «

Viele kennen dieses Gebet um Gelassenheit. Die Urheberschaft ist jedoch nicht sicher. So werden unter anderem Dietrich Bonhoeffer, Ignatius von Loyola oder auch Franz von Assisi als angebliche Autoren genannt. Am häufigsten wird das Gebet fälschlicherweise dem deutschen Theosophen Friedrich Christoph Oetinger (1702-1782) zugeschrieben. Dieser Fehler beruht auf einer Verwechslung. Die erste Übersetzung des Gebets aus dem Englischen besorgte der Theologe Theodor Wilhelm (1906-2005). Da er mütterlicherseits mit Johann Albrecht Bengel verwandt war, durch den Oetinger stark geprägt wurde, nahm er das Pseudonym »Friedrich Oetinger« für diese und andere Veröffentlichungen an.

Der wahre Urheber ist vermutlich der amerikanische Theologe Reinhold Niebuhr; ganz sicher ist jedoch auch das nicht. Niebuhr hatte zeitlebens auf ein Urheberrecht verzichtet, da er selbst wohl ältere

Gebete mit ähnlichem Wortlaut als Grundlage für seine Version nahm. Die Übersetzung Wilhelms von 1951 hatte wohl den größten Anteil an der Verbreitung in Deutschland. Entstanden soll das Niebuhr-Gebet vor oder während des Zweiten Weltkriegs sein. Das Gebet gibt wunderbar die Lebensmaxime des Pfarrers wieder. Er verstand den freien Willen des Menschen als Chance. Als Chance zur Veränderung der Welt in die positive Richtung, aber auch in die negative. Niebuhr sah den Menschen als das entscheidende Moment. Nimmt man sich den Satz zu Herzen, dann kann die Welt nur besser werden.

TSCHÜSS

Nun wissen Sie, liebe Leser, was es mit manchen Sprichwörtern auf sich hat. Da bleibt mir nur noch »Ade«, »Tschüss« oder »Atschüs« zu sagen. Apropos Abschiedsworte. Wussten Sie, dass diese allesamt auf eine Wurzel zurückzuführen sind? Bei »ade/adi« ist die Nähe zum französischen »adieu«, also »mit Gott«, noch leicht zu erkennen.

Das »atschüs« geht auf eine alte wallonische Variante des »adieu« zurück. Seit dem 19. Jahrhundert ist die Form »adjüs« in Norddeutschland nachweisbar. Daraus entwickelte sich dann die weitere Verkürzung zu dem vor allem in Nord- und Ostdeutschland verwendeten »tschüss«. Sie sehen, auch Nichtchristen verwenden beim Abschied unbewusst einen Segenswunsch.

Mit diesem Wissen hätte eine bayerische Rektorin vielleicht darauf verzichtet, an ihrer Schule den Gruß »tschüss« zu verbieten. Sie hatte die von ihren Schülern verwendeten Grußformeln als unhöflich empfunden und ihre Schule zur »Tschüss- und Hallo-freien Zone« erklärt. In Bayern, so ihr Argument, heiße es nun mal »Grüß Gott«. Das »tschüss« tue ihr »in den Ohren weh«.

Anders als »Grüß Gott«, »tschüss« oder »adieu« haben die beiden zu Begrüßung oder Verabschiedung ebenso gern verwendeten »ciao« und »servus« mit einem Segen übrigens nichts zu tun. Beide lassen sich mit »Ihr Diener / zu Diensten« übersetzen.

INHALT